4차산업혁명 미래를 향해 현재의 교육을 디자인하다!

자녀교육·진로·직업·자기계발을 위한 칼럼

4차 산업혁명

미래를 향해 현재의 교육을 디자인하다!

| 송은석 지음 |

지식공감

지은이 **송은석**

현재 사단법인 한국로봇교육연합회에서 부회장으로 활동하고 있다.

1974년, 충남 서천에서 태어났으나 부모님이 서울로 상경하시면서 도시에서 자랐다. 형님의 추천으로 당시에는 흔하지 않은 분야였던 정보처리과를 택해 고등학교에 진학했다. 자연스럽게 컴퓨터에 관심을 갖고 컴퓨터를 만드는 일을 하게 되면서 컴퓨터를 어려워하는 이들에게 설명하고 가르치는 일에 재미를 느끼고 재능이 있다는 것을 알게 된다.

1993년, 직장 생활을 하던 중 우연한 기회에 신학을 공부하며 목회학석사 학위를 받게 되었고 언제나 새로운 도전과 새로운 일에 대한 갈망이 있던 차에 캄보디아로 떠나 3년 동안 NGO활동을 하며 인생의 새로운 전기를 맞이하게 된다. 귀국 후에는 상담심리학을 공부하며 교육에 대한 전문적인 지식을 쌓게 된다.

2008년, 운명처럼 로봇공학을 접하고 흥미를 갖게 되면서 로봇교육을 시작했고 이후 지금까지 연합회 활동과 강의 및 세미나를 통하여 미래의 직업과 현재의 교육에 관한 지도에 힘쓰고 있다.

현재 교육청 산하 충청남도과학교육원에서 4년째 로봇영재반을 맡아서 가르치고 있으며 로봇코딩컵대회를 통하여 4차 산업혁명에 필요한 인재 양성을 위해 바쁘게 생활하고 있다. 그리고 금산중앙신문에 『현재와 미래의 일자리 탐색』이라는 주제로 매주 기사를 연재하였다.

STEAM Education Lab의 소장으로 한국로봇교육연합회와의 협력으로 『공교육 지원 서비스』를 제공하고 있다. 빠르게 변화하는 기술의 발전과 미래의 직업에 대한 연구를 통하여 공교육에서 실제적으로 효과 있는 교육이 가능하도록 4차 산업혁명과 관련된 콘텐츠를 제공하고 있다. 오랜 강의와 실무적 경험으로 인해 갖게 된 비전을 통하여 '미래를 향하여 현재의 교육을 디자인하는 것'을 목적으로 활동하고 있다.

저자의 말

이 책은 현재의 급변하는 기술과 미래 직업과 관련된 에세이 형태의 안내서이다. 현재의 교육과 미래의 직업을 준비하는 데 있어서 방향성을 제시하고 있다. 2017년부터 신문에 연재하고 있는 원고를 정리한 것으로 4차 산업혁명으로 야기된 새로운 직업과 기술 및 용어에 대한 부드러운 해설, 현장감 있는 제언이 주요 내용이다.

자녀를 둔 부모들에게는 최근 이슈가 되고 있는 주제들에 대해 실제적인 도움을 받을 수 있는 안내서가 될 것이고, 창업 및 취업을 준비하는 사람들에게는 어떠한 관점으로 인생을 설계하고 앞으로 나아가야 하는지에 대한 지침서가 될 것이다.

다소 어렵고 딱딱한 주제들도 포함되어 있고, 각 주제를 관통하는 저자의 논지가 있기에 반복적으로 강조되는 내용들도 있지만 독자에게 다양한 주제를 제시하면서 긍정적인 태도로 발전적인 삶의 방향을 설정할 수 있는 마음을 갖도록 도와줄 것이다. 때로는 직설적인 표현들도 있지만 저자의 경험을 통해 얻은 교훈들을 사랑스런 마음으로 담았기에 관심이 있는 독자라면 학생을 포함하여 누구나 가벼운 마음으로 부담 없이 에세이처럼 읽을 수 있으리라 믿는다.

4차 산업혁명 미래를 향해 현재의 교육을 디자인하다!

이 책을 통하여 저자가 바라는 것은 독자가 원하는 삶, 직업, 목표가 무엇인지 찾아서 즐겁고 행복한 삶을 살 수 있도록 돕는 것이다. 각각의 주제를 통하여 자신에게 가장 중요한 것이 무엇인지 일깨우고 행복한 삶을 살아간다는 것이 무엇인지 스스로 돌아보며 의미 있는 삶을 향해 한 걸음 나아갈 수 있는 희망을 주고자 한다. 혼란스러운 현재와 불확실한 미래 앞에 물러서지 않고 열정으로 도전할 수 있는 동기를 부여하고자 한다.

저자가 살아오면서 겪었던 수많은 일들, 실패, 성공, 계획들과 인생철학이 녹아 있는 이 책이 많은 독자에게 공감을 주고 든든한 친구처럼 격려와 위로를 주는 통로가 되기를 바란다.

2018. 6. 15.

송은석

추천의 글

조이연 (사)한국로봇교육연합회 회장

    다시 한 번 내일의 가치관과 행복에 관해 돌아보게 되는 책!

    급변하는 시대 속에 살면서 여러 아이들을 만나며 어떤 것이 옳은 교육이고 어떤 것이 그릇된 교육인지 항상 생각하다가 '맞는 교육'은 없지만 '올바른 교육'을 행하고자 같은 교육가치관을 가진 여러 사람이 모여 〈한국로봇교육연합회〉를 만들게 되었다. 나는 현재 한국로봇교육연합회의 회장직을 맡아 4차 산업혁명의 시대에 로봇교육, 코딩교육을 여러 관점에서 보고 느끼며 시행하고 있다.

    혼자 있을 때 가끔 조용히 생각하곤 한다. 도대체 교육이란 무엇일까? 현재의 교육이 잘못된 건 한없이 잘못됐고 잘된 건 예전에 비해 그리 크게 나아지진 않은 것 같다는 느낌이 든다. 교육에 관련된 일을 하는 여러 사람들, 아이의 성장과정을 지켜보는 부모님들은 이 말에 공감을 할 것 같다. 하지만 나의 교육가치관 역시 시대가 변한만큼, 변하고 있는 만큼 항상 변할 준비가 되어있어야 한다고 믿는다.

4차 산업혁명 미래를 향해 현재의 교육을 디자인하다!

이 책의 제목을 처음 본 순간 무언가 울컥함을 느꼈다. 미래를 향해 현재를 디자인하라…! 왠지 나에게는 현재에 안주하지 말라는 글로 보였다. 소프트웨어 의무화가 진행되며 코딩교육이라는 새로운 교육과정이 들어섬에 따라 어떠한 교육을 어떻게 받아야 하는지에 대한 소리가 많이 들려온다. 현재의 교육진행과정을 보면 항상 시야가 좁아지고 마음이 조급해지는데 이 책을 보며 쿵쾅거리던 심장이 가라앉는다고 해야 할까? 형용할 수 없는 안도감이 들었다.

교육에 관심이 있는 사람이라면 꼭 읽어봐야 할 책이라는 생각이 들었다. 주관적인 내용들이 있지만 어떻게 보면 가장 객관적일 수 있는 내용들이 많다. 이 책을 통해 급변하는 4차 산업혁명 시대에 올바른 교육가치관을 갖게 되었으면 한다. 또한 로봇, 드론, 3D프린터 등 신기술에 대해서도 잠깐 보고 지나치는 것이 아닌 한번쯤은 깊게 생각해보길 바란다. 우리 아이가 원하는 것은 무엇이고 내가 아이들에게 해줄 수 있는 것은 무엇인지….

글의 마지막을 보며 나도 모르게 웃음이 나왔다. '먼저 취미로 시작해 보자!' 재미있고 공감이 가지만 사실 어려운 말이다. 교육을 '취미'로 시작한다는 것은 어쩌면 많은 고민이 필요한 얘기일 수 있다. 그러나 한편 이 시대에 가장 올바른 것은 무엇인가를 생각하며 '시작'한다는 것에 의미가 있는 건 아닐까? 다양한 시도와 도전으로 '나', '우리 아이'가 스스로 또는 주변 사람의 도움으로 견문을 넓힐 수 있다면 값진 '시작'이지 않을까라고 생각해보았다.

지금 내가 하는 일을 다시 한 번 돌아보게 해주었고 현재의 교육과 미래의 교육에 대해 진지하게 생각할 수 있는 시간을 주었던 이 책을 기쁜 마음으로 추천한다.

이영진 가온누리로봇&SW코딩센터 원장

4차 산업혁명의 시대에 가장 중요한 것은 인재라고 생각합니다. 과거 농경시대에나 산업화 시대에는 기후가 얼마나 좋은가, 자원이 얼마나 있는가 등에 의존했기에 개인이 혼자서 무언가를 이루어 내기에는 불가능한 경우가 더 많았습니다. 하지만 4차 산업혁명으로 인해 공간적 개념, 지리적 개념 등이 사라지게 되었고 개인의 능력으로도 충분히 많은 것을 이루어낼 수 있는 시대가 오고 있습니다. 농경 시대에는 혼자서 기후를 바꾼다거나 자원물을 만들어 냄으로 환경을 극복할 수 없었지만 이젠 스스로 코딩을 통해 필요한 다양한 것을 설계할 수 있습니다. 온라인이라는 공간에서는 물리적 제약 없이 머릿속의 상상과 원함들을 무궁무진하게 펼칠 수 있게 됐습니다.

이 책은 그런 면에서 앞으로 다가올 시대에 사람의 일상과 직업이 어떻게 변화될지에 대한 대략적인 그림을 제시해줍니다. 4차 산업혁명에 관한 정확한 내용을 이해하기 좋은 이 책을 추천하며, 미래에는 주체적인 삶을 사는 것이 중요해질 것이기에 그런 관점에서도 이 책은 좋은 멘토가 될 것이라고 확신합니다.

황주현 음봉중학교 교사

....

이 책은 우리나라 로봇 교육에서 새롭게 시도되는 프로젝트 교재이다. 이 책의 주된 독자인 교육자들의 관심, 애정, 격려를 필요로 한다. 무엇보다도 이 책은 여러 가지 좋은 시너지를 일으킬 것으로 기대하며 추천한다.

김주호 쌍용고등학교 교사

....

'로봇이 내려주는 아메리카노 한 잔을 들고 무인편의점에 가서 장을 본다. 아파트 현관문을 지나니 자동으로 엘리베이터가 내려오고 집에 들어가면 말 한마디로 불을 켜고 가전제품들을 켜고 끈다.'

먼 미래의 일이 아니고 지금 현재 제가 경험하고 있는 상황입니다. 코딩은 더 이상 공교육에서도 미룰 수 없는 교육이 되었고, 급변하는 사회에서 과거의 직업군은 의미가 없어졌습니다. 앞으로 우리가 어떤 세상을 살아가야 할지 이 책을 보면서 생각하는 시간을 가졌으면 합니다.

권오준 송곡초등학교 교사

2016년 세계경제포럼에서 '4차 산업혁명'이라는 화두를 던진 클라우스 슈밥은 역설적으로 '인간 중심의 기술 혁신'을 조언하고 있다. 이는 저자가 말하는 '더불어 행복하려는 것'과 일맥상통한다고 볼 수 있다. 본 서적은 학업, 진로 등으로 고민하는 청소년들과 이들을 뒷바라지하는 학부모들에게 보다 가치 있는 교육 방향에 대해 생각해볼 수 있는 기회를 제공할 것이다. 또한 최근 사회 전반에 걸쳐 많은 관심을 불러일으키고 있는 이슈들을 저자의 풍부한 경험을 바탕으로 쉽게 풀어서 설명하고 있기에 이해하기 쉽고 소양을 넓히는 데 많은 도움을 주는 책이 될 것이라 믿는다.

차례

새로운 도전을 위한 제언

매일이 같은 날 같다. 지구의 관점으로 볼 때에 태양은 동에서 뜨고 서쪽으로 내려간다. 아침이 되고 저녁이 된다. 날짜가 없고 계절이 없다면 매일매일이 같은 날 같다. 그런데 어느새 2018년이 되었고 새로운 해가 시작되었다. 매 초가 모여서 하루가 되고 한 달, 한 달 지나가 또 한 해를 보낸 것이다. 새로운 해를 맞이하게 될 때마다 우리는 새로운 목표와 다짐으로 시작하게 된다. 그러므로 새로운 각오로 출발하는 청소년들과 새로운 직업을 준비하는 분들에게 도움이 될 수 있는 제언을 드리고자 한다.

| 기쁘고 즐거운 것을 찾자

급변하는 시대의 흐름을 따라가다 보면 배울 것이 너무도 많다. 취업을 위해서 취득해야 할 자격증도 다양하다. 요즘은 누구나 기본적으로 2-3개의 자격증은 가지고 있고 10개 이상 가지고 있는 취준생들도 많다. 이렇게 준비하고 배울 것이 많다 보니 자신의 적성이나 희망하는 분야보다는 당장에 인기 있는 것을 쫓아다닌다. 고민하여 선택한 대학을 졸업하고도 방향을 잡지 못한 채 방황하다가 결국 새로운 학과를 정해서 다시 대학에 진학하는 일도 흔하다. 왜 이런 현상이 벌어지는 걸까? 자신이 원하는 것보다는 시대의 흐름에만 중점을 두었기 때문이다. 그래서 필자는 이렇게 조언하고 싶다. "정말 하고 싶고 기뻐하는 일을 찾아라!"

사람이라면 가슴이 뛰는 일이 있어야 한다. 남들 보기에는 멋지거나 그리 좋은 직장이 아니더라도 자신의 능력을 발휘할 수 있는 직업을 택해야 한다. 외적인 조건보다는 자신이 기쁘고 즐거운 것을 찾아야 한다. 사실 이런 선택에는 많은 제약이 있을 수 있다. 부모님과 친구들의 이목도 큰 걸림이 될 수 있다. 하지만 곰곰이 생각해 보자. 지금의 글로벌 기업 CEO들의 처음이 어떠했는지. 대부분 주위의 부정적인 시선과 반대에 부딪쳤지만 그래도 도전했다. 반대를 이길 수 있었던 것은 그 일이 자신이 좋아하는 일이었기 때문이다. 자신이 기뻐하는 일이기에 어려움을 극복할 수 있는 에너지가 있었다. 그래서 찾아야 한다. 나의 가슴을 뛰게 하고 설레게 하는 일을 해야 한다. 처음에는 진전이 없고 남들보다 늦어지는 것 같지만 결국은 기뻐하고 즐기는 사람의 에너지를 이길 수 없다. 시간이 걸리더라도 남의 눈을 의식하지 말고 마음속 깊은 곳에서부터 진정 하고 싶은 것이 무엇인지 찾아보자! 그렇게 찾다 보면 분명히 발견하게 될 것이다. 그리고 계속해서 그 방향으로 가다 보면 여러 고비가 있고 수많은 과정을 거치겠지만 결국에는 자신이 그토록 원했던 지점에 도달하게 된다.

새해가 되면 '복 많이 받으세요'라는 인사를 한다. 진정한 복은 어디에 있을까? 외적인 것도 중요하지만, 내적인 행복이 더 중요하다고 볼 수 있다. 마음속에서부터 하고 싶고 흥이 나는 일을 하는 것과 어쩔 수 없기에 재미없는 일을 하루 종일 하는 것의 효율에는 엄청난 차이가 있다. 직업적 적성을 알기 위해서 점검해 볼 것이 있다. '별다른 수입이 생기지 않아도 하고 싶은 일은 무엇인가?'라고 스스로에게 물어보라. 우리는 자기 자신을 상대적으로 남들과 비교하는 것이 자연스러운 습관이 되었다. 우리의 눈을 밖으로 향하지 말고 내 안으로 향하여 내 자신에게 조용히 물어보자. 그러면 나의 원함을 알게 된다.

상상할 수 있는 것에
100배를 더 곱하여 계획하라

직업을 구하거나 미래를 계획할 때에 현실적인 목표를 세우는 것은 당연하다. 허황된 것을 꿈꾸면 실망감만 커지기에 현실 가능한 것에 맞춰서 인생의 방향을 설정한다. 하지만 청소년기에 제한적인 꿈을 꾸고 현실에만 맞춰서 자신의 인생을 디자인한다는 것은 너무도 슬픈 일이다. 자신의 미래를 자신이 생각할 수 있는 범위 안에서만 계획한다면 그 인생의 성공은 작아진다. 큰 성공을 꿈꾼다면 자신이 상상할 수 있는 것에 100배를 곱하여 계획을 세워보자.

전기 자동차 회사인 테슬라 모터스와, 우주 로켓을 발사하여 화성에 사람을 정착시키려는 계획을 가지고 있는 스페이스엑스의 최고경영자인 엘론 머스크는 이 세상에 없었던 것을 만들어 냈다. 엘론은 1995년에 물리학 박사 학위를 받기 위해서 대학에 들어갔지만 진정 자신이 원하는 것을 이루기 위해서 이틀 만에 자퇴하게 된다. 24살에 창업을 시작으로 해서 인터넷과 재생에너지, 우주에 관한 열망으로 그의 꿈은 불타올랐다. 그의 계획은 2030년쯤에 8만 명이 화성이 거주할 수 있는 화성식민지를 완성하는 것이다. 엘론 머스크는 계획하고 진행하면서 수많은 실패와 시행착오를 겪었지만 지금까지 모두 이루어냈다. 우리 모두는 꿈꾸고 열망하고 도전하는 것을 배웠으면 한다.

최근 우리나라에서 가장 인기 있는 직종은 교사라고 발표되었다. 이 직업이 인기 있는 이유는 무엇일까? 교사는 우리 사회에 꼭 필요한 직업이다. 그러나 가르치는 일에 대한 열정 때문이 아니라 안정적이고 인정받는 직업이기 때문에 교사를 선호하는 경향이 있다는 것이 문제이다. 우스갯소리로 엘론 머스크, 스티브 잡스, 빌 게이츠가 한국에 태어났으면 잘 되어야 PC방 사장이었을 것이라고 말하기도 한다. 참으로 씁쓸한 이야기이다. 청소년들의 가능성은 너무도 무궁무진한데 한국 특유의 교육관 및 직업에 대한 인식 구조와 제도적 특성이 인재를 바보로 만들 수도 있다는 말이다.

그럼에도 과거 열악했던 환경에 비해서 현재는 창업과 새로운 도전에 대한 제도적인 받침이 많이 발전되었다. 앞으로 우리의 의식구조가 더 발전되어야 한다. 직업에 대한 관점이 달라져야 한다. 대기업 취직이나 공무원이 되는 것이 성공적 인생이라는 생각이 변화되어야 한다. 우리 각자가 가지고 있는 능력을 묻어두지 말고 발전시켜야 한다. 할 수 있는 것을 목표로 삼지 말고 하고 싶은 것을 목표로 나아가야 한다. 큰 꿈을 꾸어야 하되 그 꿈이 무겁거나 힘든 것이 아니어야 한다. 상상하면 할수록 기쁘고 신이 나는 것이면 된다.

| 행복 바이러스가 되라

기쁘고 즐거운 것을 찾고 상상한 것에서 100배를 곱하여 목표를 정하라고 했다. 이 모든 것이 자기 자신만을 위한 것이라면 내가 쏟아 붓는 시간과 열정의 가치가 작게 빛나게 된다. 더 크고 아름답게 빛나려면 나와 가족만이 아닌, 작게는 내가 살고 있는 지역, 더 나아가서는 나라, 더 나아가서는 인류를 위한 것이어야 한다. 이렇게 될 때에 내가 하고 있는 일에 대한 자부심과 열정은 더욱 넘쳐나게 된다. '큰 영웅'이 되라는 뜻이 아니라 아주 '작은 영웅'이 되더라도 의미 있는 일을 할 때에 보람을 더욱 느끼게 된다는 뜻이다. 인류는 행복한 삶을 위해서 지금까지 발전했다고 볼 수 있다. 행복은 나에게만 갇혀 있는 것이 아니라 주위로 멀리멀리 퍼져 나가야 한다. 나의 직업이 행복의 통로가 될 수 있다. 무슨 일이든 어떤 마음을 먹고 임하느냐가 중요하다. 당장 할 것이 없기에 하는 일은 발전성이 없다. 그러나 분명한 목표 하에 '행복 바이러스'가 되고자 한다면 이 세상은 점점 더 살만한 곳이 될 것이다.

현재는 미래의 나를 만들기 위한 과정이다

필자는 다양한 일을 해보았다. 고등학교를 졸업하면서 컴퓨터 판매와 수리하는 일을 시작했다. 더 많은 것을 배우고 싶어 대학과 대학원에 진학을 했고, 경제적으로 어려워서 대리운전, 도시락 배달, 신용카드회원 모집 영업, 중국집 설거지 등 다양한 일을 했다. 그리고 결국 그 모든 일이 지금의 필자를 있게 한 것 같다.

과거에 셀 수 없이 많은 종류의 일을 하면서도 교육사업 및 강의하는 일은 포기하지 않고 지속했다. 수입이 있든 없든 항상 가르치는 것을 좋아했다. 편의점에서 밤을 새며 야간 아르바이트를 2년 6개월이나 하면서도 언제나 그 꿈은 꺼지지 않았다. 꿈이 있으니 항상 준비했고 그 준비는 즐겁고 행복했다. 당장의 수입은 적고 많은 피로가 몰려오는 일이었지만 현재의 일은 미래의 또 다른 나를 만들기 위한 과정이기에 소홀히 하지 않았다.

행복이란 멀리 있는 것이 아니다. 무엇인가 목표한 것을 이루어야 행복한 것이 아니라 과정 가운데서 만족을 얻어야 한다. 필자는 로봇공학 및 코딩이라는 주제가 너무도 좋아서 지역아동센터 등에 방문하여 재능기부로 가르쳐 주고 싶었지만 10년 전만 해도 별로 반응이 없었다. 그래도 좋은 것을 많은 이들과 나누고 싶은 마음이 항상 있었기에 열심히 해왔다.

지금은 초등학생부터 고등학생에 이르기까지 기회만 되면 재능

4차 산업혁명 미래를 향해 현재의 교육을 디자인하다!

기부를 하고 있다. 5년 전에 함께 일을 시작했던 동료들은 필자에게 '운이 좋은 사람'이라고 했다. 같은 일을 같이 배워서 동시에 시작했는데도 필자와 큰 차이가 생겼기 때문이다. 필자도 당시에는 '운이 좋은 사람'이라는 말이 맞다고 생각했다. 그러나 지금에 와서 생각해보니 단순히 운이 좋았던 것이 아니라 3가지의 요소에서 차이가 났다고 본다. 즉, '즐거운 일을 하고 원대한 목표로 더불어 행복하려는 것'이 있어야 한다. 그게 달랐다. 마음가짐의 차이가 있었다. 그러면 같은 일을 해도 결과는 다르게 된다. 다른 사람들을 따라하고 모방하는 것만으로는 앞서지 못한다. 당연히 기쁨이나 행복도 없다.

새로운 한 해가 시작이 되었다. 어제나 오늘이 같은 날 같지만 2018년이라는 새로운 해를 맞을 때에 우리는 새로운 마음과 계획으로 다시 시작하게 된다. 최근 통계에 의하면(2018년 1월 기준) 청년실업률이 거의 10%에 가깝다고 한다. 청년 10명 중에 1명은 실업자라는 말이다. 혹 직업을 가졌어도 좋은 일자리인 경우가 많지 않다. 정부나 기업의 정책에만 눈을 두지 말고 시선을 돌려 자신의 숨겨진 재능과 진정 원하는 것이 무엇인지를 반드시 찾아내기 바란다.

'좋은 직업'을 갖는 것이

최우선시되고 있는

현재의 교육에서

행복한 삶을 위한 교육으로

변화해야 한다.

PART

1

행복한 교육,
행복한 직업

01

배우고 꿈꾸고 즐겨라!

배움이란?

청소년들 혹은 무엇인가 배우고 있는 분들에게 꼭 전하고 싶은 주제가 있다. 바로 배움에 관한 것이다. 사실 '배움'이라는 말이 그리 즐겁게 들리지 않을 것이다. 요즘 학생들의 일반적인 하루 일과는 학교와 학원, 집에서의 끊임없는 '배움'이며, 이로 인해 하고 싶은 것을 마음껏 하지 못하기 때문일 것이다. 그래서 배움이라는 주제를 전달하기가 쉽지 않다고 생각한다.

배운다는 것은 모르는 것을 알아가는 과정이라고 말할 수 있다. 이 세상에는 너무도 많은 정보와 배워야 할 것들이 있다. 그렇다고 이 세상에 있는 모든 것을 다 알아야 하는 것은 아니다. 최소한의 필요한 것만을 배워도 살아가는 데는 큰 문제가 없다. 그런데 왜 어른들과 사회는 우리에게 공부를 강요하고 있는 것일까?

| 스스로 찾아야 한다

이 문제의 답을 찾기 위해 부모님이나 선생님들에게서 도움을 받을 수는 있지만 전적으로 의존하지 말고 스스로 찾아가는 과정을 가져야 한다. 배움이란 배우는 사람이 가르치는 사람의 것을 무조건 수용해야 하는 것은 아니다. 배움은 단지 지식적인 습득만이 아니라 내가 가지고 있는 궁금증을 해결하고 찾아가는 과정이라고 생각해야 한다.

가끔 궁금해하던 것을 책이나 수업시간 등을 통해서 해소했던 경험이 있을 것이다. 즉 배움의 목적은 시험을 보기 위한 것도, 미래에 좋은 직장을 갖기 위한 것도 아니다. 배움이란 우리 자신의 삶에 필요하기에 필수적으로 거쳐야 하는 과정이다.

배움이라는 주제에 대해서 더 이야기하기 전에 배움에 대해 가지고 있었던 예전의 관념들을 새롭게 하는 것이 필요할 것 같다. 배움, 공부라는 단어가 '하기 싫은데 해야 하는 무거운 짐', 곧 '스트레스'라고 생각되는 것은 당연한 일인지도 모른다. 그래서 생각을 새롭게 바꾸고자 하는 열린 마음이 필요하다. 그래야 새로운 마음으로 내 자신을 위해서 진짜 필요한 것을 배우며 살아갈 수 있기 때문이다.

이 글을 읽는 독자들도 과거에는 진정으로 원하는 '꿈'이 있었을 것이다. 여전히 그 꿈을 버리지 않고 간직한 채 삶의 원동력으로

4차 산업혁명 미래를 향해 현재의 교육을 디자인하다!

삼아 하루하루 노력하는 사람들도 있을 것이다. 배움을 이야기하다가 갑자기 왜 꿈에 대해 이야기하는지 의아할 수도 있다. 그러나 배움과 꿈은 매우 관계가 깊다. 따분하고 하기 싫은 데 억지로 하는 것은 배움이 아니다. 내가 꿈꾸는 것을 이룰 수 있도록 하는 것이 바로 배움이다. 배움이란 꿈을 이루기 위한 과정이라고 생각을 해야 한다. 여기에서 우리는 배움의 이유를 제대로 찾을 수 있다.

| 꿈이 배움의 동기가 되다

배움을 위해서는 내적인 동기가 중요하다. 하루하루를 힘 있게 살 수 있게 하는 내적인 동기가 있을 때에 힘든 과정을 견디게 된다. 배운다는 것은 때론 오랜 기간이 걸리기도 하고 끝이 없는 경우도 있다. 그래서 먼저 우리는 배움의 동기가 무엇인지 스스로에게 물어야 한다.

곰곰이 생각해 보라. 나는 왜 배우고 있는가? 나는 왜 지금 이 시간에 이런 배움의 과정을 보내고 있는가? 자신이 처음 무엇인가를 배우기로 정하고 시작했던 때를 기억했으면 한다. 사람이란 시간이 지나면 처음에 품었던 마음을 쉽게 잊어버린다. 좋아서 시작한 배움이 시간이 지나면서 의무가 되기도 한다. 시작을 했으니 끝을 맺어야 한다는 생각에 억지로 지속하는 것은 무의미하다.

뭔가 희미해졌다면 꿈과 배움의 관계를 다시 확립해야 한다. 막연하게 배우고 노력하면 꿈이 이루어질 것이라는 추측과 기대만으로는 배움의 추진력은 약해진다. 그래서 배우되 꿈에 대한 확고한 믿음이 있어야 한다. 배우게 되면 꼭 이룰 수 있다는 믿음이 우리의 배움의 과정을 더욱 단단하게 만든다. 어떤 이는 부정적인 태도로 '꿈은 꿈일 뿐이다!' 라고 생각한다. 자신의 경험을 토대로 꿈은 그냥 기분을 좋게 하는 것이고 그저 희망사항일 뿐 꼭 이루어지는 것은 아니라고 생각하기도 한다. 또 어떤 이는 꿈을 꾸고 희망을 갖지만 끊임없이 의심함으로 결국 꿈을 이루어가는 과정에서는 멀어져버린다.

| 꿈은 멀리 있는 것이 아니다

우리가 원하고 바라는 꿈이나 목표가 상당히 멀리 있다고 느껴지는 경우가 있다. 그러나 그 꿈은 결코 멀리 있는 것이 아니다. 지금의 배움의 순간들이 이어져서 결과적으로 꿈의 성취로 나타나기 때문이다. 즉 배움과 꿈은 분리되어 있는 것이 아니다. 이러한 분리된 생각은 꿈만 꾸게 할 뿐 현실에서 열심히 배우는 것을 나태하게 만든다. 꿈은 먼 미래에 이루어질 일이라고 생각하지 말아야 한다. 꿈이 완성되기 위해서는 시간의 차이가 있을 뿐이지 현재의 삶이 꿈과 무관하다고 생각해서는 안 된다. 즉 우리의 배움은 우리의 꿈을 향한 구체적인 행동이 되어야 한다는 것이다.

우리는 미래의 직업에 대한 목표가 있다. 또는 학업에 대한 목표도 있을 수 있다. 이 원함이 실제로 이루어지기 위해서는 그 목표가 얼마나 나를 사로잡고 있느냐가 중요하다. 모든 사람은 작든 크든 원하는 것이 있다. 그런데 그 원함을 이루는 사람은 극히 적은 것이 현실이다. 왜 그럴까? 그것은 간절함의 차이이다. 꿈이 있어야 하고 동시에 그 꿈이 자신을 매료시켜야 한다. 그래야 배움의 수고를 즐거움으로 승화시킬 수 있다.

| 즐기는 사람이 행복하다

자신이 하는 일을 즐길 수 있다면 그 사람은 진정 행복한 사람이다. 현재는 행복의 기준이 너무도 다양해지고 있다. 사람마다 행복의 조건을 나름대로 설정해 놓고 그 행복을 얻기 위해서 열심히 살아간다. 과연 행복은 어디서 오는 것이며 우리가 행복해지려면 무엇이 필요한가? 필자도 이러한 고민을 많이 했었다. 사색을 하고 갈등도 하고 책을 읽으며 찾아보고 많은 노력을 했다. 그리고 경험적으로 알게 된 것은 행복해지려는 조건을 설정하는 순간 행복은 멀리 도망간다는 것이다.

행복에 조건, 기준이 있어서는 안 된다. 물론 여행을 가면 행복하고, 맛있는 것을 먹으면 행복하고, 가정에 웃음이 있으면 행복하다. 이것은 너무도 당연한 것이고 자연스러운 것이다. 그런데 행복의 기준을 정하게 되면 그 조건이 성립되지 않으면 불행하다고 느끼게 된다.

사람은 모든 환경을 초월해서 극도로 행복한 감정, 느낌을 가질 수 있다. 특정 조건에 다다르지 못했을지라도 우리는 행복할 수 있다. 진정한 행복이란 마음의 상태이지 외적 조건에 따른 반응이 아니기 때문이다.

사람마다 다르겠지만 때론 이유가 없이 우울하거나 기분이 나쁠 때가 있는데 이러한 감정을 못 참는 사람들이 있다. 기분이 언제나 좋아야 하는데 그렇지 않은 감정을 견디지 못하는 사람이 그 예이다.

사람이 느끼는 감정은 파도처럼 언제나 출렁거린다. 감정이 높고 좋을 때도 있고 바닥으로 다운이 될 때도 있다. 아주 고요하고 잔잔할 때도 있지만, 주체할 수 없을 만큼 소용돌이칠 때도 있다. 어떤 면에서는 자연스런 현상이다. 문제는 우리의 행복을 정해진 어떤 기준과 대조해서 불행하다고 느낀다는 것이다. 결국 불행은 남이 나에게 주는 것이 아니라 내 스스로가 불행이라는 감정의 옷을 입는 것이다.

| 즐겨라 그리고 감사하라

　배우고 꿈꾸고 즐겨라! 이 세 가지는 떨어져 있는 것이 아니라 연결되어 있다. 배움의 원동력은 꿈에서 나온다. 꿈꾸는 사람에게는 배움이란 즐거운 동반자이다. 분명한 꿈이 있고 확고한 목표가 있다면 때로는 힘들고 어려워도 그런 과정까지 즐기게 된다. 이제 우리는 이 세 가지에 '감사'를 더했으면 한다. 배우고 꿈꾸고 즐기면서 살아가더라도 우리는 때때로 어려움을 만나게 된다. 뜻하지 않은 난관에 부딪치고 모든 상황이 원하는 대로 되지 않을 때가 있다. 우리는 이때 어떠한 조건, 이유가 없어도 행복할 수 있는 '감사'를 가져야 한다. 감사와 행복은 붙어 있는 짝이고 함께 열리는 열매이다. 명상이나 마음수련을 하는 사람들도 결국은 이런 마음 상태를 훈련한다. 아주 작은 것에도 감사하고 행복을 느낄 수 있게 된다면 삶은 기쁨으로 가득하게 될 것이다. 그런데 그런 마음을 갖기 위해 오랜 시간 수련하지 않아도 된다. 그냥 감사하다고 말하면 감사한 마음이 들고 행복해진다. 이것이 놀라운 비밀이다.

　필자는 자주 감사한다. 아침에 일어나면 진심으로 '감사합니다!'라고 말한다. 운전할 때도 '감사합니다!'라고 말한다. 특별한 이유가 있거나 어떤 감사의 조건이 있어서 감사하는 것이 아니다. 특정 대상에게 감사하는 것도 아니다. 그저 감사하다고 말하면 행복해진다.

행복의 조건이 충족되었기에 감사하는 것이 아니다. 바보같이 그냥 감사하다고 말을 한다. 그러면 행복해지고 더 많이 감사하게 된다. 그렇게 하루하루를 즐기며 살아가게 된다. 독자들 역시 꿈을 가지고 배우고 즐기며 늘 감사함으로 행복한 사람들이 되기를 기원한다.

02

자신의 한계를
뛰어넘어라

이 세상에 완벽한 사람은 없다. 영화에 나오는 '슈퍼히어로'도 어딘가 부족함이 있다. 그 부족함이 있기에 영화를 보면서 악당을 물리치는 주인공에 열광을 하게 된다. 부족함이 없이 완전한 사람은 없지만 만약 있다면 어떨까? 그러한 사람이 존재하지 않기에 상상이 잘 가지 않는다. 오히려 부족함이 있다는 것은 인간에게 자연스러운 것이고 그것이 오히려 여러 면에서 부족함을 발전시키며 살아갈 수 있는 원동력이 된다. 사람은 태어나면서부터 도전하고 성장하고 발전해 가는 생명을 가지고 있다. 누구나 기본적으로 자신이 가지고 있는 환경에서 성장하려는 것이 자연스러운 현상이다. 갓난아기가 태어나서 성인이 되면 외적으로는 더 성장할 필요가 없어진다. 청년이 된 후로는 시간이 지나면서 몸은 점점 더 쇠퇴한다. 이것은 자연의 당연한 법칙이다. 건강을 잘 관리하며 조금 더 건강하게 살 수는 있지만 외적인 몸의 성장에는 한계가 있고 발전을 멈추게 된다. 그러나 내적인 성장에는 한계가 없다.

제목과 같이 자신의 한계를 뛰어넘으라는 것은 여러 의미를 내포하고 있다. 운동선수가 자신의 기록을 뛰어넘는 것도 포함되고 학생들이 성적을 높이기 위한 것도 목표가 될 수도 있다. 많은 다양한 분야와 영역에서 한계를 뛰어넘어 온 것이 인류의 역사라고 할 수 있다. 지금은 적은 지면을 빌려서 우리들의 내적인 한계를 극복하고 발전하는 것에 대해서 저자의 경험을 예로 들어 나눠보려고 한다.

이 글을 읽는 독자의 층은 매우 다양하다고 생각한다. 남자와 여자로 나눌 수 있고 학생과 부모, 하는 일에 따라서 직업의 다양성으로도 나뉘게 된다. 취업을 준비하는 사람들은 설레는 마음도 있겠지만 불확실함에 고민이 깊어지는 이들도 있을 것이다. 어떠한 환경에 처해 있든 우리는 한번쯤 자신에게 부족한 부분에 대해서 고민하며 극복하지 못하고 있는 자신의 한계에 대해서 개선하려는 노력을 했을 것이다. 어떤 이는 발전을 했을 것이고, 어떤 이는 포기했고, 어떤 이는 계속 시도하고 있는 중일 것이다.

4차 산업혁명 미래를 향해 현재의 교육을 디자인하다!

과거의 내가
현재의 나를 붙들고 있다

지금으로부터 37년 전, 8살이던 한 소년은 초등학교에 입학을 하면서 새로운 환경에 대한 기대로 학교생활을 시작하게 된다. 1980년대는 한 푼이라도 더 벌기 위해서 열심히 살던 때였다. 이 학생의 부모님은 두 분 다 일을 하셨고 자녀의 교육에 관심은 있었지만 직접 지도하지 못했다. 초등학교 1학년의 과정을 지나고 있는데도 한글을 읽지 못하고 어려워하는 아이를 보고 그 당시에는 흔하지 않았던 과외를 시키게 된다. 문제는 과외 선생님이 학생을 지도하면서 발전이 없자 이렇게 말을 한다.

"너를 가르치는 것은 힘이 드니 돈을 더 받아야 한다."

이 말을 듣고 좌절한 학생은 공부하러 가지 않고 놀이터를 빙빙 돌며 방황하고 공부에는 소질이 없다고 생각하며 고등학교 때까지 학업에 대한 흥미가 없이 살게 된다. 보통 '공부 머리가 있다, 없다'를 구분하여 말을 많이 하는데 이 학생은 공부 머리가 없는 아주 '멍청한' 학생이었다. 초등학교 1학년 때부터 한글에 대한 두려움이 있었기에 수업시간에 국어책을 읽도록 시키면 항상 더듬고 얼굴이 빨개지고 땀을 많이 흘려서 어려움을 겪게 되었다. 아마도 이러한 과거가 있다면 이 사람의 '과거의 나'는 '현재의 나'를 붙들어 발전하지 못하게 할 것이다. 즉 한계를 극복하지 못하도록 붙들어서 발전할 수 없도록 할 것이다. 이와 비슷한 경험들이 누구나 있을 수 있다.

| 부정적인 것을 벗어버리기

타고난 성품이든 환경을 통해서 조성된 것이든 사람에게는 습관이나 생활 방식, 또는 삶의 가치관이 있다. 나이를 불문하고 모든 사람에게는 약점이 있다. 그 약점, 한계를 극복하기 위해서는 왜 그렇게 되었는지를 알아야 한다. 그럴 때에 발전할 수 있는 기회를 얻게 된다. 때로는 현재의 나를 붙들고 있는 과거의 나를 직시하기 싫어서 과거의 나를 발견하지 못할 수도 있다. 만약 그렇더라도 괜찮다. 중요한 것은 자신에게 개선해야 할 것이 있다면, 그리고 그러한 것이 매우 심각하고 벗어나고 싶지만 불가능하다고 느끼더라도 지금부터 잘 듣고 용기를 내었으면 한다.

나의 좋지 않은 현재를 있게 한 과거의 나는 부정적인 것을 내포하고 있다. 그래서 중요한 것은 그 부정적인 것에서 벗어나는 것이다. 더욱 발전하고 향상되고 싶은데 그렇게 하지 못하게 하는 부정적인 자세에서 벗어난다면 한계를 극복하는 것은 쉬워진다. 한글을 잘 못 읽는 학생의 예를 들었는데 이 학생이 성인이 되어서도 이러한 문제는 개선되지 않았다. 대학교에서 과제를 발표하고 설명해야 할 때에 글을 읽는 것에 문제가 있으니 전달력이 시원치 않았다. 당연히 지도 교수로부터 평이 좋지 않았다. 그래서 읽는 연습을 엄청나게 했고 조금은 좋아지는 것 같았지만 별로 개선되지 않았다. 한계를 뛰어넘기보다는 그 한계의 벽이 너무 높아서 울고 포기하며 방황하게 되었다.

4차 산업혁명 미래를 향해 현재의 교육을 디자인하다!

그런데 이 학생에게는 다른 장점이 있었다. 글을 읽는 것에는 자신이 없었지만 읽지 않고 설명하는 것에는 매우 자연스럽고, 듣는 이들로 하여금 집중하게 만들고 어려운 것을 쉽게 이해하게 만드는 재능이 있었다. 이것을 알게 된 후로는 원고에 매이지 않고 원고를 충분히 소화하고 숙지해서 자연스럽게 발표하고 설명하는 것으로 전환하였다. 이것은 아주 작은 예에 불과하다.

내가 '안 된다'고 생각하면 내 자신은 절대 바뀌지 않는다

모든 것은 의지의 문제이다. 잘 할 수 있는 사람이냐 잘 못하는 사람이냐는 정해져 있지 않다. 물론 인간이 할 수 없는 영역도 있다. 어떤 경우에는 그러한 것마저 인간이 극복하고 놀라운 결과를 얻는 것을 보게 된다. 이러한 기적과 같은 일들은 모두 '의지'에 달려있다. 자신이 가진 한계치가 있고 절대 할 수 없는 영역이 있지만 그러한 것을 극복하게 하는 것은 다름 아닌 '하고자 하는 의지'이다. 이루고자 하고 하고자 하는 동기가 없다면 아무리 쉬운 것이라도 할 수 없다. 그러나 이루고자 하는 강한 마음이 있으면 이룰 수 있다.

글을 잘 읽지 못하던 학생이 결국에는 멋지게 설명하고 발표할 수 있었던 것은 자신이 깨달은 것을 잘 전달하고 싶은 갈망이 있었기 때문이다. 그래서 남들과 같은 방법으로 따라만 한 것이 아니라 자신만의 장점을 발견하고 발전시켜서 남들이 따라 올 수 없는 영역에 이르게 된 것이다.

자신이 가지고 있는 한계를 극복하는 것은 매우 중요하다. 왜냐하면 절대 안 된다고 생각했던 것을 뛰어넘게 되면 그 외에 많은 것을 더 극복할 수 있기 때문이다. 글을 잘 못 읽었던 학생은 글을 못 읽을 뿐만 아니라 공부도 못 한다고 생각했고 머리가 나쁘다고 생각했다. 이러한 것은 모두 거짓인데 잘못된 정보를 받아들이고 믿게 되면 자신이 만든 틀 안에 갇혀버리게 된다. 물론 잘못된 정보를 준 과거의 선생님이 잘못된 것이지만 어떤 환경에서든 자신의 삶은 자신이 선택하고 정해서 가는 것이니 누구의 탓을 할 수는 없다. 자신의 길은 자신이 개척해서 나아가야 한다.

주저하고 망설여질 때는 목표를 분명히 하자

기어만 다니던 아기가 넘어질 것을 알지만 위태위태하게 일어나고 걷는 연습을 하는 것은 걷고자 하는 본능에 순응했기 때문이다. 아픈 것이 싫고 두려워 걷는 것에 대한 도전을 피한다면 영원히 걷지 못하는 사람이 된다.

우리 속에는 도전에 대한 마음이 있는 동시에 머물러 있으려는

4차 산업혁명 미래를 향해 현재의 교육을 디자인하다!

소극적인 마음도 있다. 이 두 개의 마음 중에서 소극적인 마음만을 선택하고 살아왔다면 그렇게 사는 삶에 익숙해져 있을 것이다. 새로운 것을 생각하고 시도하는 것이 매우 두렵고 싫을 것이다. 더군다나 전혀 해보지 않은 것을 한다는 것은 큰 모험이기에 위험을 감수하지 않는다.

서두에 완벽한 사람은 없다고 했다. 실수하지 않고 잘하려고만 하면 새로운 것을 할 수 없다. 실패하고 좌절하고 창피한 일을 당하더라도 부딪쳐가면서 배우고 발전이 되는 것이다. 미리 겁을 먹고, 또는 도전을 해보았는데 좋은 결과가 아니기에 포기하는 것은 비겁한 삶을 살겠다는 것이다. 어떤 사람이든 목표가 있다. 삶의 방식이 어떠하든 지금보다 더 나은 삶을 살고자 하는 욕구가 있다. 이 목표가 분명한 만큼 주저함과 망설임을 쉽게 벗어 던질 수 있다. 즉 분명한 목표가 한계를 뛰어넘을 수 있는 동기와 에너지가 되는 것이다. 어쩌면 주저함과 망설임이 있다는 것은 도전하고자 하는 마음이 있다는 표시이기도 하니 용기를 내기 바란다.

반면에 앞뒤를 가리지 않고 덤비는 불도저 같은 성격의 사람도 있다. 무조건 부딪쳐서 배우려는 사람도 있다. 대책이 없이 '돌격 앞으로!'만 하는 사람이 있다. 이러한 형태의 유형이 바르다고 말하려는 것이 아니다. 아무도 모르지만 자기 자신만이 알고 있는 한계가 있다. 그 한계를 뛰어넘기 위해서 필요한 것이 무엇인지를 직시했으면 한다.

| 인생의 매순간 멘토가 있다

글을 자연스럽게 읽지 못하던 학생이 과거에 얽매여서 살게 된 것은 과거 초등학교 1학년 때에 들었던 선생님의 말 때문이었다.

글을 읽는 것에 대한 두려움만이 아니라 공부에는 영 재능이 없다는 생각은 결국 그를 인생의 낙오자로 만들었다. 그렇지만 인생에서 부정적인 것만 있는 것은 아니다. 분명 학생의 가능성을 보고 격려해주고 발전할 수 있도록 돕는 멘토가 있었다. 모든 사람은 이러한 이끌림을 직간접적으로 받으며 살아가게 된다. 멘토란 직접적으로 이끌어주는 사람만이 아니라 책이 될 수도 있고 방송에서의 좋은 강연, 직접적이지는 않지만 어떤 롤모델이 되는 위인이 될 수도 있다. 매우 다양한 멘토가 존재할 수 있다. 이러한 기회들을 잘 활용해야 한다.

글을 잘 못 읽던 '그 학생이었던 필자'는 지금 이렇게 글을 쓰고 있고 많은 사람들 앞에서 멋진 강의를 하고 있다. 자신의 한계를 뛰어넘고자 하는 사람은 언제나 당당하고 자신 있고 모든 것을 할 수 있는 '완전한 사람'이 아니다. 여전히 불안하고 실수가 있고 배움이 필요한 존재이다.

이 글은 매우 짧다. 그러나 당신의 한계를 뛰어넘는 데 큰 발판이 될 수 있다.

4차 산업혁명 미래를 향해 현재의 교육을 디자인하다!

03

행복한 자녀가
행복한 직업을 갖는다

| 정부가 나선 청년 일자리 대책

최근 정부는(2018년 4월) 청년 일자리 문제를 해결하기 위해서 특단의 대책을 내놓았다. 청년들이 공기업이나 대기업을 선호하여 중소·중견 기업에 취직하지 않는 것을 해결하기 위한 방안이라고 한다. 앞으로 중소기업이 청년을 고용하면 대기업 수준의 연봉을 지급할 수 있도록 재정을 지원한다는 정책이다. 기업에서 주는 급여에 더해서 정부의 보조로 월 100만 원을 추가로 지급한단다. 이 뿐이 아니다. 청년이 창업을 하면 1억 원을 지원한다. 이 외에도 청년을 고용한 중소기업에게는 세금 면제와 다양한 혜택을 추가적으로 적용하겠다고 발표했다. 지금까지의 어떤 일자리 정책보다도 파격적인 발표이다. 이러한 대책을 내놓는 이유는 청년의 일자리 문제가 심각하기 때문이다. 우리는 이러한 현상을 어떻게 바라 봐야 할 것인가? 대세를 따르고 남들의 평가와 조언에 떠밀려 대기업과 공기업에 취직하려는 청년들! 결국 이런 현상은 청년들 자체의 문제가 아니라 사회 전반적인 문제이기에 정부가 나서서 해결하려고 하는 것이다. 몇몇 개인의 문제라면 이렇게 막대한 예산을 투입하지 않을 것이다. 문제가 심각하기에 큰 비용을 들여서도 해결하기 위한 방안들이 나오고 있다.

적성이 아니라
외적 조건에 따른 취업 선호도

문제를 해결하기 위해서는 그 문제가 생겨난 이유를 점검해 봐야 한다. 지금의 문제를 지금 해결하려고 한다면 임시방편에 불과하다. 그래서 전문가들은 정부의 이러한 정책에 부정적인 시각을 갖는 것이다. 근본적인 문제의 해결이 있어야 한다. 그 문제의 원인을 찾는다면 해결은 쉬워질 것이고 보다 실제적인 방안들이 나오게 될 것이다.

현재 일자리의 선호도에 있어서 양극화 문제가 심각하다. 급여가 많고 안정적인 직장에는 많은 지원자가 몰리고 이에 반해 중소기업에서는 사람을 구하기가 힘들다. 한번 생각해보자. 안정적이고 급여가 많은 직장이 있다. 모두가 이 직장의 직군에 맞는 사람, 즉 지원자들이 모두 같은 적성이라서 많은 사람이 몰리는 것일까? 아니면 단지 외적인 기준이 좋아서 많이 몰리는 것일까?

모든 사람이 다 그렇지는 않겠지만 주로는 외적인 기준이 많은 비중을 차지할 것이다. 자신의 원함과 적성은 뒤로하고 보수나 혜택 등 가능한 외적인 기준이 좋은 곳을 선호한다. 결국 치열한 경쟁률에 밀려 떨어지면 또 도전하기 위해서 취업을 위한 재수를 하게 된다.

| 근본대책은 교육정책

이제 대책을 생각해 보자. 정부에서 추진하려고 하는 중소기업과 창업의 육성을 위한 정책 또한 '외적인 조건'을 '좋은 회사'에 맞춰주기 위한 전략이다. 좋은 회사에 많은 사람이 몰리니 그와 유사한 조건을 가진 회사를 많이 만들어 주면 많은 사람의 일자리가 해결될 것이라는 생각에서 비롯된 것이다.

맞는 논리이기는 하다. 그렇지만 당장 외적인 기준을 맞춰준들 이들을 언제까지 정부가 먹여 살려야 하는가? 세금으로 언제까지 지원이 가능할까? 정부는 현재 3년 정도까지는 지원을 하려고 하는 것 같다. 3년 후에 경기가 회복되고 일자리가 많아지면 좋겠지만 누가 그것을 장담하겠는가? 그래서 일시적인 정책이지 근본적인 해결책은 아니라는 것이다.

필자는 근본적인 문제는 교육정책에 있다고 본다. 다양성이 결여되고 몇 가지만이 중요하게 여겨지는 현실에서는 쏠림 현상이 심각해진다. 골고루 편만하게 분포되어야 할 청년들의 일자리 지원이 한쪽으로만 치우치고 있다.

규격품처럼 만들어지는 청소년들

지금의 교육 현실을 생각해 보면 답답한 것이 너무나 많다. 모든 학생들이 똑같은 패턴으로 길러지고 있다. 공부 잘하면 좋은 고등학교, 좋은 대학을 가게 되어 있다. 그 학생의 적성이나 원함과는 거리가 멀다. 부모가 정해준 틀에서 자라난다. 선택의 여지가 없이 판두부와 같이 일정한 규격으로 제품이 생산되고 있다는 느낌이 강하게 든다. 물론 과거와는 다르게 각 학교마다 진로탐색 및 직업체험의 기회가 많아졌다. 이러한 시간을 통하여 관심 있는 분야를 찾고 스스로 방향을 정하기도 하지만 대부분의 학생들은 자신의 원함과는 무관하게 시간은 계속 흘러간다. 이렇게 흘러가다가 청년이 되어 직장을 구하려고 봤다니 딱히 할 수 있는 것이 없기에 일반적이고 대중적인 방향으로 취업을 준비하게 된다.

오늘날 학생과 청년들에게 있어 가장 큰 문제는 자신이 하고 싶고 원하는 것을 선택하려는 의지가 결여되어 있다는 점이다. 분명 자신이 좋아하는 것이 있을 텐데 현실에 부딪쳐서 좌절하거나 혹은 아예 무엇을 좋아하는지 생각할 겨를도 없이 살아가기 때문이다.

틀에 박힌 생활을 강요하는 대신 선택의 기회를!

자녀들에게 선택권을 줘야 한다. 겉으로는 원하는 것을 하라고 하지만 수없이 많은 학원을 다니느라 지친 자녀들에게 하고 싶은 것을 선택하라고 한다면 어느 누가 기쁜 마음으로 선택을 하겠는가? 필자가 가르치는 이제 막 초등학교 1학년이 된 학생에게 "학교에 다니는 것이 어떠니?" 라고 물었더니 "공부할 게 많아서 힘들다"고 대답했다. 이야기를 들어보니 학교 수업 외에 하는 것이 너무 많다.

기본적으로 우리 자녀들은 너무 지쳐있다. 배우는 것이 너무 많다. 이렇게 바쁜데 원하는 것, 하고 싶은 것을 언제 생각해 보고 선택하고 시도해 보겠는가? 근본적으로 자녀들의 선택권이 좁아져 있다.

잘 키워야 한다는 미명 하에 아이들은 혹사되고 있다. 행복한 사람이 되어야 행복한 직장생활을 할 수 있다. 자녀를 만능으로 키우려고 해서는 안 된다. 어찌 한 사람이 모든 것을 다 잘할 수 있겠는가? 뭔가를 잘하는 것이 먼저가 아니라 행복한 웃음과 즐거운 삶이 먼저이다.

자신이 하고 싶은 일을 스스로 찾고 알아볼 수 있는 여유를 갖게 해야 한다. 수없이 많은 학원을 순례시키다가 진짜 원하는 것은 일주일에 한 번 허락해 주는 그러한 교육으로는 미래에 희망하는 직업이 거의 비슷해진다.

부모의 과감한 결단이 필요하다. 지금의 현실이 어렵다는 것은 안다. 불안한 것도 이해가 간다. 그러나 아름답고 귀한 자녀를 공장에서 찍어내는 공산품처럼 만들고 싶은가? 너무나 비슷한 제품이 많아서 팔리는 않는 상품처럼 자녀의 가치를 보잘것없게 만들고 싶지는 않을 것이다.

필자의 말은 모든 현실을 부정하고 부적응아로 만들라는 것이 아니다. 최소한 자녀가 원하고 바라는 것이 최우선이 될 수 있도록 기회를 주라는 것이다. 그러기 위해서는 어릴 때부터 한 인격으로 존중해주며 스스로 생각하고 선택할 수 있을 때까지 여러 가지 지혜로운 방법과 조언들로 끊임없이 도움을 주어야 한다. 어쩌면 부모의 입장에서는 이런 양육이 훨씬 더 힘들 것이다.

근본적인 대책
– 진짜 자기 일을 찾게 돕는 것

불가능한 일이라 생각할 수도 있지만 취업을 준비하는 청년들에게는 필수적으로 자신의 적성과 원함을 스스로 찾을 수 있는 기회를 국가가 나서서 부여해 주어야 한다. 취업을 원하는 사람이라면 어떠한 경제적인 부담이 없이 전문가의 상담과 실제적인 직업 체험을 통해서 늦게라도 자신에게 맞는 일자리를 찾을 수 있도록 도와주어야 한다. 젊은 청춘들의 시간이 너무도 많이 낭비되고 있다. 더 이상 하고 싶지 않은 일에 시간을 낭비하는 일이 없어져야 한다.

지금 정부는 4조 원이라는 재정을 투입해서 중소기업에 취업하는 젊은이들에게 대기업 수준의 연봉을 주려고 한다. 그렇게 일을 시켜서 뭐하겠는가? 일자리는 늘어나겠지만 삶의 만족도는 잠시뿐일 것이다. 근본적인 대책은 '자신의 일'을 찾는 것이다. 남들이 선호하는 일을 따라가는 것이 아니라, 자신이 즐기고 행복할 수 있는 일을 찾아야 한다.

그러나 문제를 깨달은 개인이 스스로 자신의 적성에 맞는 직업을 다시 찾아 나서기에는 많은 어려움과 제약이 있다. 사회 전반적인 분위기와 지금까지의 교육으로는 인식의 변화가 어렵다. 그래서 행복한 직업을 선택할 수 있는 장을 열어줘야 한다. 이런 일에 정부가 직접 지원할 뿐 아니라 기업에서도 지원하여 필요한 인력을 얻을 수도 있도록 해야 할 것이다.

차선이 아니라
최선의 인생을 살 수 있도록

한 번뿐인 인생을 후회 없이 살아야 한다. 시간을 낭비하지 않고 의미 있게 사용해야 한다. 그러기 위해서는 자녀에게 선택의 기회를 언제나 줘야 한다. 실패하고 넘어져도 자신이 진정 원하는 것이면 다시 도전할 수 있도록 도와주어야 한다. 현 세태처럼 모든 사람들이 가는 길을 가도록 하면 차후에는 도태되는 사람이 많아지게 된다. 자신의 인생이 남들과의 경쟁에서 이기지 못해 차선의 삶을 살고 있는 거라고 생각하게 해서는 안 된다.

자신의 삶을 남들과 비교하며 살게 해서는 안 된다. 자신의 인생을 귀하게 여기게 해야 한다. 다들 비슷한 일을 하면 한 사람을 빼고는 모두 차선이 되지만, 자기만의 일을 갖고 자신이 좋아하는 길을 걷게 되면 모두가 최선의 삶을 살 수 있다. 지금 취업을 준비하는 사람들에게는 다양한 선택을 놓고 고민하고 시도해 볼 수 있는 장이 마련되어야 한다. 과거에 꿈꾸었지만 포기했던 것에 새롭게 도전해 보도록 해야 한다. 막연하게 좋다고 생각해서 준비하고 있었던 것을 다시금 점검하고 스스로 판단할 수 있는 기회를 부여해야 한다. 그래야 특정 분야와 직업에 쏠리는 현상이 없어지게 된다. 적은 비용으로 좋은 성능을 내는 것을 '가성비가 좋다'라고 표현한다. 요즘은 '가심비'라는 말도 있다. 지불한 비용보다 마음의 만족도가 높을 때 쓰는 말이다. 정부의 예산을 외적인 것에 쓰

4차 산업혁명 미래를 향해 현재의 교육을 디자인하다!

지 말고 가심비를 높일 수 있도록 사용해야 한다. 외적인 만족도를 높이는 것은 일시적이며 한계가 있다. 청년들의 고민과 갈등이 무엇인지를 생각해 봐야 한다. 우리는 이러한 문제를 풀어야 한다.

04

미래를 향해
현재의 교육을 디자인하다!

| 출세지향적 교육관

우리나라에는 천연자원이 많지 않다. '특별한 자원'이 있다면 외부의 열악한 환경으로 인해 생겨난 끈기와 노력, 하면 된다는 살고자 하는 몸부림이 아니었나 싶다. 가난한 시절 오직 희망이라고는 '교육' 뿐이었다. 공부를 잘해야 출세하고 잘 살 수 있다는 강한 욕구가 자녀들에게 그대로 전달되었다. 지금도 이러한 흐름은 여전히 존재하며 전혀 수그러들지 않고 있다. 성적 지상주의가 겉으로는 보이지 않는 것 같지만 학부모와 학생, 교육계는 다 함께 몸살을 앓고 있다. 어떤 이슈만 생기면 터져 나오는 것이 바로 교육 문제이다.

사실 교육현장은 많이 바뀌고 있다. 과거에는 없었던 시도가 이루어지고 있다. 그런데 사회의 요구는 과거와 별반 다를 것이 없는 것 같다. 학력 위주의 취업 전쟁이 여전히 만연해 있다. 스펙을 보지 않고 지원자를 뽑는 공기업과 회사가 생겨나고 있지만 아직까지는 미미하며 전반적으로 시행되지는 못하고 있다.

20년 전으로 돌아간다면?

필자는 27년 동안 무엇인가를 설명하거나 가르치는 일을 했다. 그래서인지 교육과 관련된 분야에 관심이 많다. 특히 급변하는 기술과 이러한 현실을 따라가지 못하는 교육현장의 차이를 생각하면서 다방면으로 노력해왔다.

'교육'이라는 주제에는 명확한 답이 없는 것 같다. 여러 학술적인 이론과 심리학적인 요소들을 언급하며 논리를 펼 수 있지만 교육의 대상이 되는 학생들이 모두 같은 상황, 환경, 처지에 있는 것이 아니니 동일한 기준과 방법으로 교육한다는 것은 맞지 않는 것이다.

취업 준비생들이 대개 20대 중반이라고 할 때 그들이 만일 20년 전 과거로 돌아간다면 어떤 교육을 받아야 할지 쉽게 답을 할 수 있을 것이다. 20년이라는 세월이 흐르는 동안 세상에는 너무도 많은 변화가 일어났다. 따라서 당시에는 미래지향적이라고 했던 교육이 지금에 와서는 매우 부족한 것이었음을 실감하게 된다.

| 학부모의 대안, 사교육

학부모의 가장 큰 관심사는 입시 제도의 변화이다. 이 정책에 따라서 자녀를 향한 교육 플랜이 바뀌게 된다. 주로 중등부터 적용이 되니 6년 정도의 미래를 보고 교육의 방향을 잡게 된다. 최근 중학교는 1학년에는 시험이 없는 경우도 있다. 자유학기제를 통하여 시험에 대한 부담 없이 교과목 외의 다양한 분야를 체험하며 자신의 적성을 찾아보고 미래에 대한 직업도 탐색할 수 있는 기회가 주어진다. 그러나 학부모들은 불안한 심정이다. 1년 동안 외적인 평가가 없다 보니 자녀의 수준이 어떤지 궁금한 것이다. 혹시나 공부에 대한 흐름을 잃어버릴까봐 다른 대안을 찾게 된다. 그것이 바로 학원이다. 학교에서 평가를 받지 못하니 학원으로 자녀를 보내는 것이다. 학원에서는 수시로 모의고사를 통해서 평가를 하고 선행학습도 진행하기에 자녀들이 뒤떨어지지 않기 원하는 학부모들은 아이들을 학원으로 직행시킨다.

| 사교육을 부추기는 교육정책

교육부는 사교육의 의존도를 낮추기 위해서 많은 대안을 제시했다. 방과후 학교를 운영했고, 올해(2018년)부터 중학교에서는 SW 의무교육이라는 '신선한' 방안도 실시하고 있다. 그런데 이러한 발표로 어떻게 되었는가? 유치원부터 코딩교육 열풍이 불기 시작했

4차 산업혁명 미래를 향해 현재의 교육을 디자인하다!

다. 별 관심이 없던 학부모들이 불안해하기 시작했다. 기존의 학원비도 힘든데 새로운 아이템이 생겨났으니 안 보낼 수도 없는 상황에 놓이게 된 것이다. 이러한 틈을 타서 기업들은 빠르게 움직였다. 학교 앞을 지나다 보면 코딩학원을 쉽게 볼 수 있다. 과거에는 컴퓨터 학원만 있었는데 이제는 코딩이라는 간판이 익숙해지고 있다. 앞으로는 코딩을 할 수 있어야 취업을 할 수 있을 것 같은 분위기로 움직여가고 있는 것이 사실이다. 이러한 현상을 보면서 필자는 웃음이 나온다. 정부의 교육 정책이 사교육을 성장시키고 있기 때문이다.

그러면 왜 이러한 현상이 일어나고 있을 것일까? 전문가들은 많은 이유를 들고 있다. 필자가 보는 견해는 공교육에 대한 신뢰가 없기 때문이며 한편으로는 오랫동안 뼛속까지 스며들어 있는 경쟁의식 때문이다. 공교육에서 SW의무교육을 실시한다고 발표하면 학교에서 배우는 수업으로 만족을 해야 하는데 그렇지 못한 실정이다. 사실 너무 당연한 것일지도 모른다. SW교육을 할 수 있는 인력이 없는데 교육을 한다고 하니 학부모들로서는 당연히 신뢰할 수 없고 결국 사교육에 의존하게 되는 것이다.

또 하나의 예로 매년 과학의 달인 4월이 되면 초등부터 중등까지 〈청소년과학탐구대회〉를 개최한다. 매우 오래된 대회이며 모든 학교에서 실시하고 있다. 그런데 이 대회의 주 종목은 학교에서 가르치지 않는다. 그러면 이 대회에 참석을 하려면 어떻게 해야 할까? 당연히 사교육이다! 이 대회의 '기계공학'은 30년이 넘은 종목이다. 그런데 초등학교나 중등학교 교사 중에 과학상자를 이용해서 기계공학을 지도할 수 있는 인력이 없다. 이러다 보니 좋은 취지로 시행하고 있는 몇 안 되는 전국 단위의 대회들의 질이 떨어지고 몇몇 학생들이 사교육의 힘을 빌려 우승하는 일이 되풀이되고 있다. 물론 학생 스스로 배우고 연습해서 좋은 결과를 얻는 경우도 있다. 그렇지만 그런 경우는 아주 드물다.

| 사람이 빠진 교육

우리는 이제 미래를 향해 현재의 교육을 디자인해야 한다. 입시를 위하고 취업을 위한 근시안적인 조망으로는 발전이 없다. 정부에서는 연일 창업을 위한 적극적인 투자계획을 발표하지만 창업을 할 수 있는 아이디어를 가진 인재가 없으니 획기적인 기업이 탄생하지 않는 것이다. 창업의 주요 아이템이 프랜차이즈가 되었다. 이런 프랜차이즈의 방식으로 코딩과 관련된 학원들이 많이 생겨나고 있다. 프랜차이즈의 장점이 무엇인가? 이미 준비된 모든 것을 돈을 내고 사용하는 시스템이다. 따라서 쉽게 창업이 가능하다. 돈만 내면 누구나 쉽고 빠르게 창업을 할 수 있다. 어떤 코딩학원은 지도하는 사람이 코딩에 대해서 아무것도 몰라도 수업이 가능하도록 되어 있다. 학생들은 인터넷으로 연결된 코딩 강의를 듣고 따라하면서 수업을 받는다. 지도교사들은 단순히 학생들 관리만 해주면 된다. 창의성이나 문제 해결능력을 위해서 학원장이나 강사가 해야 할 것은 없다. 단지 영상만 틀어주면 된다. 물론 이런 교육과정으로도 상당히 많은 것을 얻을 수 있다. 오히려 실력이 없는 강사보다 좋은 방식일 수 있다. 그럼에도 여전히 문제는 존재한다.

그러면 이런 현상이 왜 생겨나고 있는 것일까? 바로 즉흥적인 행정 때문이다. 당장 필요하기에 시행하다 보니 생겨나는 모순이다. 필요한 인력이 부족한 채로 진행하려다 보니 혼란스럽게 되는 것이다. 교육은 사람을 위한 것이다. 생명을 다루는 것이다. 병원에서만 생명을 다루는 것이 아니다. 오히려 병원보다 교육이 더욱 중요하게 생명을 다루는 일일지도 모른다.

코딩도 스펙?

미래의 직업 중에 코딩하는 일, 즉 프로그래머는 그리 많이 필요하지 않다. 왜냐하면 인공지능이 코딩하는 일을 대신할 것이기 때문이다. 코딩을 해야 취업이 가능하고 코딩을 해야 사회생활에 문제가 없을 것처럼 현혹하는 광고를 주의해야 한다. 물론 배우면 많은 도움이 된다. 앞으로 변화된 사회에 적응하는 데 큰 역할을 하게 될 것이다. 그렇다고 과거 영어를 잘해야 먹고 사는 데 문제가 없다는 식의 사고방식은 버려야 한다. 필자가 이 책을 통해서 가장 강조하고 싶은 부분 중에 하나가 '창의적인 인재'이다. 창의적인 사람이 되어야 한다. 어떤 특별한 기술과 기능을 익히는 것이 아니라 자신의 분야에서 즐기고 활기가 넘치는 에너지를 가지고 있는 사람이어야 한다. 그러기 위해서는 현재 '흐르고' 있는 교육의 유행을 따라서 교육시켜서는 안 된다.

과거에는 의사가 되려면 의대를 나오면 되었다. 그러나 시대가 급변하니 의술만으로는 안 되고 로봇과학도 배우고 코딩도 배워야 남들보다 경쟁에서 앞선다고 생각한다. 이러한 논리 자체가 잘못은 아니다. 문제는 어려서부터 그렇게 정해 놓고 자녀들로 하여금 쉴 시간이 없이 배우고 또 배우게 하는 데 있다.

학생들이 지쳐있다. 갖가지 배움으로 머리는 이미 취준생이 되어 있다. 웃고 뛰고 떠들고 천진난만해야 하는데 너무 많은 공부가 어깨를 짓눌러 하루하루가 녹초가 되어 있다.

미래를 향해 현재를 디자인하라

미래에는 어떠한 사람이 되어야 할까? 행복한 사람이 되어야 한다. 그러기 위해서는 남들과의 경쟁에서 자유로울 수 있도록 자녀를 격려해줘야 한다. 현재 취업을 준비하는 청년들도 마찬가지이

4차 산업혁명 미래를 향해 현재의 교육을 디자인하다!

다. 늦었다고 포기하지 말고 자신이 하고 싶고 즐길 수 있는 것을 해야 한다. 그러는 가운데 자신의 역량을 늘리고 필요한 기술을 더 배워서 전문화시키면 된다. 발전이 있으려면 자신이 원하는 것을 해야 한다. 그것이 무엇이 되었든 보기 좋은 것을 선택하지 말고 마음속에서부터 하고 싶고 원하는 것을 택해야 한다. 미래에 대한 꿈이 있어야 한다. 그래야 지금 내가 어떻게 살아야 할지 디자인이 된다. 미래에 대한 꿈이 없다면 현재의 삶에 에너지가 넘치지 않는다. 모든 사람은 각자가 하고 싶은 것이 있다. 지금까지 어떻게 살았든 그것은 중요하지 않다. 꿈을 갖지 못하게 했던 과거의 어떤 일, 사건, 트라우마도 중요하지 않다. 우리에게 필요한 것은 미래를 향해 현재를 디자인하는 것이다.

각자의 환경과 경험, 원하는 것이 다를 것이라 생각이 된다. 필자가 카페나 블로그에 올려놓은 글을 읽고 도움을 받은 독자들이 메일로 연락을 해오고 있다. 주로 교사들이 연락을 한다. 학생들에게 강의를 통하여 미래의 진로 설정에 도움을 주었으면 한다는 요청의 글들이 오고 있다. 매우 간절하게 호소하며 도움을 요청하기도 한다. 지금은 우리의 생각 속에만 머물러 있었던 것을 현실화하기 위해서 적극적으로 힘을 모아야 할 때이다.

05

창의적인 융합형 인재의
양성을 위한 교육

| 현재의 교육 현실

한국어를 배우는 외국인들이 쉽게 접하는 단어 중에 "빨리빨리"라는 말이 있다. 필자도 학생들을 지도할 때에 "빨리빨리"라는 말을 자주 사용한다. 사실 이 말은 한국인을 대표하는 어떤 표시처럼 여겨지고 있다. 뭐든지 빨리 처리하는 것이 몸에 배어 있고 당연한 것처럼 되어 버렸다. 꼼꼼한 것은 좋지만 그렇다고 속도가 느리면 능력이 없다고 평가받는다. 결과가 어떻든 현재 빨리 일을 처리해야만 하는 사회적 풍토가 한국에는 뿌리 깊게 박혀 있다. 여유를 가지고 일의 능률을 올리기 위한 방안보다는 당장의 진행이 빠르지 않으면 답답해하는 것이 체질이 되어 버렸다. 이러한 풍토가 교육에도 그대로 자리 잡고 있는 것 같다.

교육에서 가장 중요한 것은 미래 지향적인 안목과 계획으로 현재의 교육이 이루어져야 한다는 것이다. 그런데 이것이 매번 실패로 돌아가는 것은 결과중심적인 행정에서 비롯된 것이다. 그것은 최근 발표한 대입 정책에 대한 방향에서도 볼 수 있다. 정권이 바뀌고 교육부의 수장이 바뀌면 여지없이 교육 정책도 바뀌는 것이 현실이다. 미래를 향한 교육이어야 하는데 몇 년 안에 결과를 얻어내기 위한 정책이기에 많은 문제점들이 드러나게 되는 것이다. 좋은 정책이라고 거창하게 시행하다가 문제에 부딪히면 곧 방향을 틀고 수정하고… 이러한 상황이 반복되는 것이 지금의 교육 현실이다.

창의성은 어떠한 조건에서 발현되는가?

경쟁의 구도에서 살고 있는 우리 모두는 어떤 기준에 의해서 평가를 받게 된다. 그 평가의 기준, 정답은 정해져 있고 그것에 따라서 순위가 정해지게 된다. 그런데 그 평가하는 기준이 모든 사람을 평가하고 분류할 수 없다면 큰 문제일 것이다. 이 세상에는 한 사람도 같은 사람이 없고 단순히 몇 가지의 정답과 분류로만 수많은 사람을 평가한다는 것은 불가능한 일임에도 현재 그렇게 진행이 되고 있다.

채용과 학교 입시에는 '특채'라는 것이 있다. 아주 소수의 인원은 공통적인 기준에 의해서 선발하지 않는 것이다. 창의성을 한마디로 설명하기는 어렵지만 뭔가 기존의 것과는 다른 것을 말하는 것은 분명하다. 창의성은 정해져 있는 몇 가지의 방식에서 나오지 않는다. 창의성은 모든 가능성을 열어두고 있을 때에만 발현이 된다.

현재의 교육은 정답이 정해져 있고 그 정답을 맞히는 형식으로 이루어져 있다. 과거에 비하면 그래도 많이 발전했지만 아직도 다른 답과 다른 방식을 수용할 수 있는 여지가 별로 없는 것이 현실이다. 조금이라도 다른 것이 있으면 다양성으로 보기보다는 틀린 것으로 규정해버리려는 성향이 강하다. 생각이 제한되어 있고 도전할 수 있는 기회가 부여되지 않는다면 창의적인 시도는 불가능하게 된다. 가장 중요한 것은 기회와 여지가 주어져야 한다는 것이다.

결과를 얻기 위해서는 과정이 필수적

가치 있고 능력 있는 인재가 키워지기 위해서는 많은 시간이 필요하다. 자판기에서 버튼을 누르면 원하는 물건이 나오는 방식의 틀에서 벗어나야 한다.

최근의 화두는 '창의성'과 '융합형 인재'이다. 이러한 인재를 양성

4차 산업혁명 미래를 향해 현재의 교육을 디자인하다!

하기 위해서는 많은 시간이 필요하다. 몇 개의 문제를 외우고 정해진 패턴을 익힌다고 되는 것이 아니기에 빠른 결과를 내기 위한 특별한 방법이 존재하지 않는다. 그런데 결과가 중요하게 여겨지고 있는 현실에서는 창의적인 융합형 인재도 빠르게 양성될 수 있도록 제도화를 시킨다.

어떠한 결과를 얻기 위해서는 과정을 거치는 것이 필수적이다. 그런데 그 중요한 과정을 공식화해서 알려주고 주입하는 것은 시험성적을 위해서는 필요할지 모르지만 창의성을 기르는 데는 전혀 도움이 되지 않는다. 도착지점에 이르기 위해서는 스스로 길을 가야 한다. 도달하는 길과 과정은 수없이 변할 수 있기에 스스로 방법을 찾고 문제를 해결하는 능력을 길러줘야 한다.

스스로 생각하고
도전하는 것을 격려하기

어려서부터의 교육이 성인이 되었을 때에도 큰 영향을 준다. 내년 개최하고 있는 로봇코딩컵 대회는 이러한 취지에서 만들어졌다. 몇 가지의 기술을 익히고 반복적인 연습을 통해서 승리하는 형식에서 벗어나게 했다. 일반적으로 학생들은 결과를 통해서 배우는 것에 익숙해져 있다. 결과를 떠나서 과정을 통해서 배우고 발전할 수 있는 동기를 부여하는 것에 인색한 것이 사실이다. 실패와 실수를 두려워하지 않고 즐길 수 있는 분위기를 만들어주어야한다. 그래야 발전할 수 있다. 부모의 사랑은 모든 것을 다 해결해주고 제공하는 것에 있지 않다. 결과를 중시하게 되면 빠른 시간에 좋은 결과를 얻게 하기 위해 부모의 개입이 필요하게 되는 것이다. 자녀가 스스로 생각하고 도전할 수 있는 기회가 너무 적다. 생각하거나 도전하지 않아도 모든 것이 제공되기에 어려운 길을 택하여 갈 필요가 없어져버렸다.

융합형 인재는 아주 작은 것에서부터

작은 것이란 '스스로 생각해서 도전한 것'을 말한다. 이 작은 것에서부터 시작하여 점점 더 확장해서 나아가야 한다. '융합'이라고하면 배우고 알아야 할 것이 많아야 한다고 생각한다. 물론 다양한 분야에 대한 파악이 필요한 것은 당연하다. 그러나 가장 우선시 되어야 할 것은 자신이 좋아하는 분야가 있어야 한다는 점이다. 억지가 아닌 스스로 자연스럽게 관심이 가는 것을 찾아야 한다. 여기서부터 시작해서 점점 더 늘려가는 것이다. 남들보다 앞서기 위해서 어쩔 수 없이 다양한 분야를 공부하는 것이 아니라 내가 좋아하는 것을 추구하다 보니 필요에 의해 확장해 나가는 것이정상이다. 언제나 주도적이고 주체가 되는 것은 내 자신이어야 한다. 타인에 의한 동기 부여는 계기는 될 수 있지만 그것만으로는 추진력이 부족하다. 부모는 조언자이고 대화의 상대여야 한다. 결정권은 언제나 자녀에게 주어야 한다. 그 결정에 따른 책임감이 생길 때 스스로 발전할 수 있는 동기가 부여된다. 반대로 모든 것을 대신 제공해 주는 형식의 교육은 결국 한계에 부딪치게 된다.

| 자기주도적 삶을 살도록

실생활의 변화가 이루어져야 한다. 초등학교에 입학하게 되면 하루 일과가 연예인 일정과 같이 빡빡하게 채워진다. 중간중간에 쉴 수 있는 시간이 있지만 기본적으로 해야 할 것들이 너무나 많다. 최소한 자신의 일정을 스스로 관리하도록 해야 한다. 물론 부모의 도움이 상당히 필요하겠지만 자신의 삶을 자신이 책임지고 살아가는 훈련이 필요하다. 지금 살아가고 있는 인생은 자신의 것이고 귀한 인생이며 자신의 주도하에 자신이 원해서 살아가야 함을 일깨워주어야 한다. 자신의 삶이니 스스로 모든 것을 관여하고 정하도록 해야 한다. 요즘 아이들은 부모를 위해서 학교 다니고 학원에 다녀주는 것처럼 생각하기도 한다. 그래서 가끔 부모에게 협박 아닌 협박을 하는 모습도 보게 된다. 이는 결국 부모가 자녀를 대신해서 모든 것을 다 해주기 때문에 나타나는 현상이다. 진정한 사랑은 자녀가 스스로 주도하여 계획한 삶을 살도록 돕는 데 있다.

똑같은 조건에서 시작을 해도

결론이 다른 이유는 삶의 가치관이 다르기 때문이다.

아주 작은 차이가

시간이 지난 후에는 큰 차이로 나타난다.

PART

2

**가치관이 삶의
질을 결정한다**

01

자신의 가치를 높여라!

필자는 ㈜한국로봇교육연합회에서 로봇코딩컵대회 및 공교육 콘텐츠 지원 서비스에 관련된 일을 진행하고 있다. 협회의 일이 많아지고 진행하는 일들이 커지고 있기에 직원이 필요하게 되었다. 구인 공고를 내자 5일 동안 행정 사무직 지원서가 90건이나 접수되었다. 연령 제한과 대전이라는 지역적인 상황을 고려한다면 적은 수는 아니라고 생각이 된다. 지원서에 있는 경력들을 자세히 살펴보면 마음이 짠하다. 주로 1년이나 2년이 되어서 계약이 만료되어 퇴사를 하는 경우가 많았다. 현재의 취업난과 경제의 어려움을 반영하는 현상이라고 볼 수 있다. 이렇게 많은 지원자들 중에 '어떤 사람'을 선택해서 면접을 봐야 할지가 문제다. 지원자 모두 면접을 보기란 현실적으로 힘들다. 직접 대면해야 어떤 인재인지 알 수 있지만 부득이 서류심사를 거치게 된다. 그러면 비슷한 경쟁자들 가운데서 자신의 가치를 높이는 방법은 무엇일까?

일단 집어넣고
보는 이력서?

입사 지원의 기본 서류는 이력서와 자기소개서이다. 이를 통해 자신이 어떤 사람인지를 알리게 된다. 최대한 장점을 부각시켜 자신이 경쟁력 있고 이 회사에 꼭 필요한 사람이라는 것을 피력해야 한다. 그렇지 않으면 서류심사를 통과하기 어려울 것이다. 가장 중요한 포인트는 지원하는 회사에 대한 관심의 정도이다. 요즘 시대는 필요한 정보를 쉽게 찾을 수 있다. 이런 환경은 장점도 있지만 단점도 많은 것 같다. 쉽게 얻은 정보이기에 가볍게 대하고 가치 있게 생각하지 않는다. 입사 지원서를 보면 지원자가 지원한 회사의 건수가 나온다. 대부분 20~30개의 회사에 지원서를 제출했다. 구인정보 사이트 등을 통해서 쉽게 지원할 수 있기에 어느 정도의 조건에 맞으면 서류를 제출하게 된다. 이러한 행동이 나쁘다는 것은 아니다. 경쟁이 치열하다 보니 여러 곳에 지원해야만 구직할 확률이 높아지기 때문일 것이다. 또한 자신이 원하는 조건에 맞는 회사를 찾기란 쉽지 않기 때문에 일단 가능한 곳에 지원을 하고 보는 경향도 있는 것 같다.

현재의 나를
가치 있게 만들려면

곰곰이 생각을 해보자! 지원자 중에 회계가 전공이고 경력도 회계인 경우가 있다고 하자. 자기소개서에는 입사를 한 후에 어떠한 자세로 일을 할 것인지에 대한 아주 좋은 내용이 적혀 있다. 참 좋은 인재인 것 같다. 그렇지만 회사가 원하는 인재는 회계가 아니라 일반사무와 행정직이다. 만약 지원자의 자기소개서에 '회계가 전공이지만 귀사의 행정과 사무직에 왜 맞는 사람인지'를 피력한다면 더욱 좋은 지원서가 될 수 있다. 그리고 무엇보다 중요한 것은 자신이 진심으로 하고 싶은 일을 할 수 있는 회사를 찾는 것이다. 수십 통, 수백 통의 메일을 보내는 것보다 정말 원하는 일을 찾고 그 일에 맞는 자기소개서를 작성해서 보낸다면 아마도 회사는 관심 있게 살펴볼 것이다.

'눈높이'라는 학습지가 있다. 이 이름에는 학생의 수준에 맞춰서 교육을 하겠다는 의미가 담겨져 있는 것 같은데 매우 좋은 이름이다. 바로 이런 전략이 필요하다.

자신이 지금까지 살아온 경력을 바꿀 수는 없다. 과거로 돌아갈 수 없으니 현재의 나를 가치 있는 사람으로 보이게 해야 한다. 그러기 위해서는 지원하려고 하는 회사에 대해서 '특별한' 관심이 있음을 어필해야 한다. 아주 사소한 관심 하나가 상대를 감동시킨다. 그리고 상대에게 강한 인상을 남겨주게 된다.

지원하는
회사에 대한 관심

어떤 관심을 가져야 할까? 최소한 지원하려고 하는 곳의 정보를 스스로 알아볼 만큼의 관심은 있어야 한다. 회사에 입사해서 주어지는 일만 기계적으로 하려고 하면 안 된다. 내가 아침부터 오후까지 근무해야 할 곳이 어떤 곳인지 알려고 하는 자세는 사실 너무도 당연한 것이다. 그런데 놀랍게도 대부분의 지원자들에게서 그런 관심이 보이지 않는다. 정형화되어 있는 자기소개서만 제출하고 선택받기만 기다릴 뿐이다. 상대에게 관심을 보여야 나도 관심을 받게 된다. 나부터 관심이 없는데 어떻게 관심을 받을 수 있겠는가? 최소한 자기소개서의 마지막에 쓴 한 줄의 문장으로 자신의 가치를 높일 수 있다.

예를 들어서 '귀사의 홈페이지를 방문하여 자세히 살펴보니 제가 꼭 일하고 싶은 곳이라는 마음이 들었습니다.' 이 정도만 되어도 확 끌린다. 외적인 기준으로만 경쟁할 수 없다. 외적인 기준을 뛰어넘는 뭔가 특별한 것을 가지고 있어야 한다. 과거를 바꿀 수 없다면 현재의 나를 특별하게 만들면 된다.

성장을 통한 가치 상승
그리고 나눔을 통한 성장

 자신의 가치를 높이려면 성장을 해야 한다. 회사의 목적은 이윤을 내는 것이다. 회사에 다닌다는 것은 회사가 이윤을 낼 수 있도록 역할을 하겠다는 것이다. 그에 대한 수고로 월급을 받는 것이다. 내가 시간을 투자해서 돈을 받겠다는 생각보다 조금 더 나아가서 접근을 해볼 필요가 있다.

 필자는 과거에 로봇공학과 코딩을 배우면서 많은 어려움을 겪었다. 기초를 배우고 난 후로는 시간이 지날수록 내게 그 이상을 가르쳐줄 사람이 없었다. 혼자 독학을 하지 않으면 알 수 없는 부분들이 많아지기 시작하였다. 처음에는 며칠 동안 연구해야만 하나를 알 수 있을 정도로 많은 시간이 투자되었다. 하지만 시간이 흐르고 지식이 쌓이다 보니 상당한 수준에 오르게 되었다. 반면에 주변의 동료들은 과거에만 머물러 있고 발전이 없었다.

 함께 성장하고 발전하지 않으면 혼자의 힘으로는 회사 전체가 성장해 나가지 않는다. 그래서 누가 시키지 않았지만 스터디 그룹을 만들어서 어렵게 배운 것들을 가르쳐주었다. 아무 조건 없이 가르쳐주었다. 물론 힘들게 얻은 것이기에 가르쳐 주기 아깝다는 생각도 들었다. 그러나 지금에 와서는 그렇게 가르쳐준 동료들이 각 분야에서 서로 도우며 로봇과 코딩에 관련된 의미 있는 일들을 하는 것을 볼 때 기쁘다. 간혹 배운 것에 대한 고마움은커녕 이기적으로 변하여 적이 된 사람도 있다. 하지만 내 자신이 성장하려면 자신만을 위해서 살아서는 안 된다. '동반성장', '상생'이라는 말도 있지 않은가!

어떤 창업 전문가는 이러한 말을 했다. '전달'이 아닌 '공유'를 해야 함께 성장한다! 공유를 한다는 것에는 함께한다는 것이 내포되어 있다. 하나의 목표를 위해서 함께 나아가는 것이 필요하다. 성장하려면 자신이 가진 것을 나눠줘야 한다. 언뜻 생각할 때 자신의 것을 남에게 주면 남이 나를 따라잡고 나는 뒤처질 것 같다. 그런데 신기하게도 그렇지 않다. 오히려 내게 있는 것을 아낌없이 주면 나는 더욱 성장하게 된다. 어떻게 설명해야 할지 모르겠지만 필자의 경험으로는 그렇다.

| 멀리 내다보는 눈

멀리 볼 수 있을 때 어떻게 걸어가야 할지 방법을 찾을 수 있다. 취업을 준비하고 미래를 설계하는 우리 모두는 현재의 불확실성에 눈을 고정해서는 안 된다. 지금 어떤 상태이고 어떤 일을 하고 있는지는 중요하지 않다. 핵심은 멀리 보는 데 있다. 지금의 것이 전부라고 생각해서는 안 된다. 자신이 필요한 것만 얻고 나눠주지 않으려는 마음을 버려야 한다.

어린아이를 키우는 집의 벽에는 키를 잴 수 있는 자가 붙어 있

4차 산업혁명 미래를 향해 현재의 교육을 디자인하다!

다. 그자는 현재의 키를 잴 수 있을 뿐 아니라 미래에 쑥쑥 컸을 때의 키도 잴 수 있을 만큼 매우 길다. 우리의 '생각의 자'와 미래를 보는 '눈의 자'도 그와 같아야 한다. 지금 나의 경력은 이 정도밖에 안 되지만 시간이 지날수록 크게 성장할 것이라고 멀리 내다보는 눈을 가져야 한다. 지금의 상황은 중요하지 않다. 내가 어떤 관점과 비전을 갖고 생활하는지가 중요하다.

| 성장을 위한 투자

자신의 가치를 높이고 성장하기 위해서는 투자가 있어야 한다. 투자 없이 성장하는 법은 없다. 시간이든 물질이든 생각으로든 투자가 있어야 한다. 보통 투자의 결과는 빠르게 나타나지 않는다. 빠른 이익을 기대하는 투자는 도박이다. 도박은 큰 이익을 가져다줄 수도 있지만, 대부분의 경우 많은 손해를 가져오고 경우에 따라 모든 것을 잃게 되기도 한다. 그래서 정상적인 투자를 해야 한다. 어디에 투자를 해야 할까? 자신이 관심이 있는 것, 하고 싶은 것을 위해 투자해야 한다. 또 당장 결과를 얻을 것을 기대하지 말고 장기적인 투자를 해야 한다.

예를 들어서 그래픽 디자인에 대해서 관심이 있다면 자격증에 투자를 할 수 있다. 만약 교육기관에 다닐 수 있는 여건이 안 된다면 책을 구입해서 독학으로 조금씩 연습해서 자신의 작품을 만들 수 있다. 자격증이 꼭 있어야 하는 것은 아니다. 자격증이 있으면 객관적인 평가를 받는 데 도움이 되겠지만, 실력만 갖춘다면 실무에는 큰 영향을 받지 않는다. 자신의 작품을 모아서 입사 지원서와 함께 제출한다면 큰 관심을 받게 될 것이다.

배우지 않고 연구하지 않고 최소한의 투자도 없이 막연히 좋은 결과를 기대할 수는 없는 일이다. 외적인 스펙을 쌓기 위한 '보여주기식' 자격증 취득을 말하는 것이 아니다. 자기가 정말로 하고 싶은 일을 하기 위해서, 또 이미 그 일을 찾았다면 그 분야에 더 특화된 전문가가 됨으로써 자신의 가치를 높이고 성장해 나가기 위해서 연구하고 투자하라는 것이다.

자신이 잘하고 좋아하는 일을 찾자

요즘 젊은 세대들은 여가를 즐길 수 있는 직장을 선호한다. 정시에 출근하고 정시에 퇴근하는 직장을 다니면서 취미생활이나 자기 계발에 상당한 시간과 돈을 사용한다. 과거처럼 자기 자신의 삶은 제쳐 두고 회사를 위해서 모든 것을 희생하는 방식의 생활패턴은 사라진 지 오래이다.

전문가들은 일의 효율을 위해서 집중할 수 있는 근무환경을 강조한다. 회사는 많은 시간을 근무하게 하는 것보다는 집중해서 일할 수 있도록 직원들의 근무환경을 조성하고 삶의 질을 높여 만족한 일상이 될 수 있도록 돕고 있다.

일에는 동기가 있어야 효과가 극대화된다. 의무적이고 수동적인 일은 현재의 급변하는 시대에는 맞지 않다. 그래서 직업의 선택이 인생에 큰 영향을 주는 것이다. 어떤 일을 하느냐도 중요하지만 그 일을 어떤 마음과 어떤 자세로 하느냐도 중요하다. 직업을 고려할 때에 자신이 잘할 수 있고 즐기며 집중할 수 있는 분야를 찾아야 한다.

창업!
어떤 기업을 세울 것인가?

| 새로운 선택, 청년 창업

우리의 사회는 점점 더 양극화의 길을 걷고 있다. 빈익빈 부익부가 일반적인 논리가 되어 가고 있고 가난이 대물림되는 현상도 두드러지고 있다. 공공기관의 채용비리는 취업난에서 살아남기 위해서 피나는 노력을 하는 청년들의 노력을 허무하게 만들고 있다.

이제는 청년들의 용기 있는 선택이 필요한 때이다. 취업전쟁의 주 무대인 대기업과 공공기관 및 공무원이 되기 위한 길에서 눈을 돌려 새롭고 참신한 길을 택해 보자. 창업을 위한 지원 정책을 활용하여 젊은 도전들이 이루어지기를 바란다. 그럴 때 단지 자신의 취업만을 해결하는 것이 아니라 많은 사람을 도울 수 있고 사회 문제 해결에 보탬이 되며 한층 의미 있는 삶을 살 수가 있다.

청년에게는 젊음이 있다. '젊음'이란 많은 의미가 있는 시기이다. 실패해도 다시 일어설 수 있는 시간과 에너지가 있다. 청년기란 아직은 배움의 단계이기에 시행착오를 겪을 여유가 있으며 실패도 성숙의 기회로 삼을 수 있다. 창업이든 취업이든 우리의 선택을 남의 기준에 맞춰서는 안 된다. 자신이 할 수 있는 일, 자신이 즐기는 일, 꿈을 꾸고 전진하여 나아갈 수 있는 길을 선택해야 한다. 아무리 정부가 모든 것을 지원해 준다 해도 모험을 두려워하면 한 걸음도 나아갈 수 없다. 모험이란 어떤 이에게는 힘들고 고통스럽게 여겨진다. 그러나 어떤 이에게는 두근거리는 설렘이다.

| 안정된 직장이 안정된 삶?

정부는 창업을 적극 권장하고 있다. 사실 기업은 일자리를 적극적으로 만들어내고 있지 못하다. 이윤을 추구하는 기업의 속성상 비교적 안전한 길을 택하고 확실한 것에만 투자를 하려고 하기 때문이다. 큰 기업일수록 지금까지 이루어놓은 성과를 잃지 않기 위해서 가능한 안정적인 운영을 한다. 갑작스러운 변동사항에 대응할 수 있는 시스템을 가동하며 최대한 순항하려고 한다. 큰 파도를 피할 수 있는 방법에 집중하며 조용한 바닷길로 항해하려고 한다. 여러 가지 이상적인 목적을 가지고 있을지라도 그 목적을 이루기 위한 방법이 너무 안정적인 모드로만 작동하고 있는 것이다. 그리고 이러한 흐름이 취업을 준비하는 청년들에게 그대로 전달되고 있다. 그래서 필자는 이러한 제언을 드리고 싶다. 꼭 청년이 아니어도 좋다. 창업을 위해서는 당장의 안정적인 환경을 중시하기보다는 모험을 택하는 용기를 내기 바란다. 모험이란 일면 위험하기도 하겠지만 이를 통해서 안정적인 환경에서는 배울 수 없는 많은 것들을 얻을 수 있다. 우리가 생각하는 안정적인 환경이란 불변하는 것이 아니다.

최근에 일어나고 있는 GM의 사태는 많은 것을 시사하고 있다. 안정적인 기업이 안정적인 일자리와 삶을 보장해 줄 것 같았지만 그렇지 않았다. 오히려 한국에 큰 피해를 줘가며 자국인 미국을 위해서 한국의 노동자들을 희생양으로 내몰고 있다. 그 속사정이야 어떻게 되었든 우리는 겉으로 보이는 외형과 겉으로 보이는 안정적인 큰 기업도 우리의 삶을 영원히 보장해 주는 것은 아니라는 것을 알게 되었다.

| 100세 시대의 적극적인 선택, 창업

창업은 모험이다. 그리고 모험은 힘들다. 그렇지만 그 모험을 통해서 배우게 된다. 때론 그 배움이 실패를 통해서 얻어지기도 한다. 배움이란 시간이 많이 걸리기도 하고 그 맛이 달지 않고 쓰기도 하다. 그러나 결론적으로는 모험을 통해서 안정적인 환경에서는 얻을 수 없는 소중한 것들을 얻게 된다. 지금은 100세 시대라고 한다. 기술의 발달로 사람의 생명은 점점 더 길어지고 있다. 100세를 산다고 가정했을 때 설사 4~50대에 창업을 한다고 해도 인생의 반도 지나지 않은 시점이 된다. 그렇다면 젊은 청년들은 얼마나 더 시간이 많은가! 2~30대의 청년들에게 인생은 아직 시작에 불과하다. 고등학교나 대학을 졸업하면 실전에 뛰어들게 되는데, 뭔가 완벽하게 준비되어 있기에 투입되는 것이 아니다. 오히려 많은 것을 배우고 경험하는 것이 실전이다. 실수나 실패가 두려워 가만히 있게 되면 어떠한 진보도 없다. 가만히 있으면 실패는 없을 것이다. 하지만 발전과 성공도 없게 된다.

정부의 창업지원

정부는 창업에 대한 지원을 아끼지 않고 있다. 특히 청년들에 대한 창업 지원 시스템은 굉장히 발달해 있다. 대단히 체계적이고 전문적이다. 또한 최대한 시행착오를 줄일 수 있도록 재정지원과 적절한 멘토링을 제공함으로 마치 갓난아기가 출생하면 보호받고 양육되는 것 같은 돌봄을 받을 수 있다.

도전 정신을 가진 청년들이 주저함 없이 시도할 수 있는 창업! 어떠한 분야 어떠한 형식이든 관계없이 톡톡 튀는 아이디어만 있다면 상상한 것을 상품화할 수 있는 기초가 마련되어 있으니 청년

여러분은 자신의 재능을 발휘하길 바란다. 그렇다면 어떤 창업이 의미가 있을까?

| 사회적 기업과 일반 기업의 차이

필자는 2012년도에 『청년 등 사회적기업 육성 사업』에 선정되어 창업 지원을 받은 적이 있었다. 이 사업은 청년들에게 창업을 권장하고 사회적기업으로 육성하여 사회적인 문제들을 해결하자는 취지에서 생겨난 정부에서 추진하는 사업이다. 6년이 지난 지금에 와서는 더욱 발전된 시스템을 가지고 있다.

기업이란 근본적으로 이윤을 내기 위해 생겨난 조직이다. 목적이 이윤창출이기에 사회적인 책임감이 적을 수 있다. 현 시대는 윤리적으로 기업의 역할이 매우 중요시되고 있고 반사회적인 기업에 대해서는 불매운동을 벌이며 소비자들이 적극적으로 대응하기도 한다. 특별히 '사회적기업'이란 기업 활동을 통하여 얻어진 이윤으로 사회가 가지고 있는 다양한 문제들을 해결하는 것을 목표로 한다. 이윤을 추구하는 것 자체는 같아도 그 이윤을 주로 어디에 사용하는지가 다른 것이다. 물론 여타 대기업 및 중소기업들도 그들이 얻은 이익 중 일부를 사회에 환원하며 여러 가지 아름다운 활동을 하기도 한다. 그것을 통해서 우리 사회의 문제들을 담당하며 많은 도움을 주고 있는 것이 사실이다. 하지만 기업이 얻은 수

익에 비하여 사회의 문제를 해결하기 위해서 투자되고 있는 비율은 매우 적다. 그리고 이러한 현상은 비정상적인 것이 아니라 매우 정상적인 것이다. 기업이 추구하는 바는 근본적으로 사회 문제 해결이 아닌 이윤 추구이기 때문이다.

| 건전한 창업 마인드

새로운 기업의 생태계가 조성되어야 한다. 강한 기업만 살아남고 새롭게 창업한 기업은 성공할 수 없다는 잘못된 흐름이 뒤집혀야 한다. 또한 이윤 추구의 목표에서 탈피하여 기업의 근본적인 방향성을 새롭게 할 필요가 있다. 일자리를 만드는 곳은 기업이다. 정부가 모든 사회의 문제들을 책임지고 해결할 수는 없다. 그래서 창업을 할 때에 이러한 문제들을 고민하여 조금이라도 해소할 수 있는 기업을 세우기를 바란다. 창업에 성공하려면 원동력이 있어야 한다. 막연하게 "좋은 기업에 취업하기는 어렵고 창업을 하면 정부의 많은 지원이 있다고 하니 한번 해봐야겠다."는 생각은 지속적인 발전을 가져오지 못한다. 명확한 목적이 있어야 한다. 목적이 분명해야 가야 할 방향이 생기고 하루하루 배우는 것이 있게 된다.

창업이란 궁극적으로 사람에게 뭔가를 제공하는 일을 하게 된다. 사회가 해결해야 할 문제들에는 일자리 창출, 취약계층의 발전과 지역사회의 발전 등이 있다. 이는 사람을 위한 것으로 모두 창업의 목적이 될 수 있다. 단순히 돈을 많이 버는 것은 건전한 목적이 될 수 없다. 돈이 필요한 이유가 있어야 하며 그 이유가 공익적인 것이라면 기업가로서 건전한 창업을 할 수 있다.

| 쉽지 않지만 가치 있는 창업

창업이라는 현실은 매우 냉혹하고 쉽지 않은 것이 사실이다. 수없이 많은 창업이 이루어지고 있지만 또한 경영난으로 수없이 많은 사업장이 문을 닫고 있다. 나름 열심히 창업을 준비하고 시작했건만 성공보다는 실패가 많은 것이 현실이다. 그래도 지레 겁먹지 말기 바란다. 모험에는 실패가 따를지라도 배움이 있으며 그것은 다시 성공을 위한 밑거름이 된다. 미리부터 실패를 두려워할 필요는 없다. 실패가 두려워서 시작도 못하고 포기한다면 제자리에 머물러 아무런 발전도 없으며 진정 유익한 것은 배울 수가 없게 된다.

사회적기업에 대한 제시는 하나의 예이다. 어떠한 형태의 기업이든 이윤이 있어야 하는 것은 확실하다. 이익이 없는 기업은 존재가치가 없으며 이윤이 없으면 곧 망하게 된다. 다만 망하지 않고 잘 경영된다면, 그렇다면 그 이윤을 어디에 어떻게 사용할지 고민해보라는 것이다.

나만 잘되는 것은 진짜 잘되는 것이 아니다. 우리 모두가 잘되는 것이 궁극적으로 나도 잘되고 모두가 행복해지는 길이다. 너무 현실과 동떨어진 이상적인 이야기라고 할 수도 있겠지만, 나의 창업이 사회의 문제를 해결하는 것에 사용된다면 그 창업은 내 생계를 뛰어넘어 매우 가치 있는 일이 된다. 작더라도 이런 기업들이 늘어나서 사회의 문제들을 해소하며 더불어 잘사는 사회를 만드는 원동력이 되었으면 한다.

03

창업!
돈이 아닌 인생을 계획하기

| 어떤 창업이 되어야 하나

최근 들어 청년부터 장년 및 노년에 이르기까지 창업에 대한 관심과 도전이 뜨겁다. 아마도 이 열기는 수그러들지 않을 것이고 시간이 지남에 따라 더욱 활기를 띠게 될 것이다. 창업에 대한 정부의 적극적인 정책이 늘어난 영향도 있지만 이는 바야흐로 세계적인 흐름이기도 하다. 좋은 아이디어만 있다면 투자받을 수 있는 환경이 마련되어 있기에 글로벌 기업이 탄생하는 것이다.

자신의 상황이나 경제적인 기준에 맞춘 전형적인 창업에 도전하기보다는 뭔가 색다른 시도가 필요하다. 취업의 문이 좁으니까, 빠른 퇴직으로 할 일이 없으니까 어쩔 수 없이 적당한 사업을 선택해 창업하려는 시도는 위험하다. 이도 저도 안 되니 마지막에 선택하는 것이 창업이 되어서는 안 된다.

세상을 살아가기 위해서는 돈이 필요하고 돈을 벌어야 한다. 돈이 없으면 할 수 있는 것이 매우 제한된다. 반대로 돈이 있어도 할 수 없는 것도 있다. 우리에게 돈이 있어야 하지만 돈, 그 자체가 목적이 아니었으면 한다. 돈이 목적이 되면 사람의 마음이 메마르고 조급해진다. 뭔가에 쫓기는 사람처럼 여유가 없고 삶에 재미가 없어진다.

자신에게 맞는 창업

〈서민갑부〉라는 방송 프로그램이 있다. 거기에 나오는 창업주들은 참으로 다양한 사연을 가지고 있다. 창업을 하게 된 동기, 일을 통한 배움, 삶의 스타일 등도 모두 특색이 있다. 그런데 이들에게 공통점이 있는데 그것은 힘들고 어려워도 자신들의 목표를 위해서 끊임없이 노력한다는 것이다. 아주 '사소한' 창업이라도 그 안에는 인생이 담겨져 있다. 겉으로 보기에는 특별해 보이지 않지만 곰곰이 살펴보면 그들만의 목표가 있고 원동력이 되는 '뭔가'가 있다. 바로 이 점이 그들을 성공하게 만들고 남들보다 특별한 위치에 오르게 한 비결이다.

우리는 다양한 매체들을 통하여 진심으로 알고자 한다면 얼마

든지 알 수 있는 시대에 살아가고 있다. 물론 이런 방송들에는 긍정적인 면도 있지만 부정적인 면도 있다. 사람들의 관심을 끌고 시청률을 올리기 위한 목적도 있을 것이다. 어쨌든 우리는 그런 내용을 접할 때 겉의 성공이 아닌 그들의 인생을 자세히 살펴보는 것이 유익하다.

어떤 사람도 의미 없는 존재는 없다. 한 명 한 명 다 태어난 의미가 있고 그 의미는 자신이 어떠한 자세로 인생을 살아가느냐에 따라 하늘과 땅의 차이만큼 커진다. 이 세상에는 같은 사람이 없다. 모두 다 각기 다른 인생을 살아간다. 특정 성공 사례가 기준이 되고 목표가 되어서는 안 된다. 남의 인생을 따르려고 하면 힘들어진다. 우리는 우리 자신의 인생을 살아야 한다.

진정한 창업 준비

만약 창업을 결정을 했다면 그 결정의 가장 큰 동기가 무엇인지 생각해 봐야 한다. 현재의 환경을 벗어나기 위해서, 높은 수익을 위해서, 선택이 창업 외에는 없기에… 아마도 많은 이유가 있을 것이다. 그렇다면 창업을 위한 구체적인 준비가 되어 있는지 생각해 보자.

창업을 하려면 다양한 방법들이 있다. 혼자의 힘이 아닌 제도적

4차 산업혁명 미래를 향해 현재의 교육을 디자인하다!

인 힘을 빌려서 비교적 쉽게 창업에 도전할 수도 있다. 하지만 아무리 많은 도움이 있더라도 주체는 남이 아닌 내 자신이다. 이 점을 기억하기 바란다. 내 자신이 준비되어 있어야 한다. 당신 주변에 아무리 좋은 제도와 경험이 많은 조언자가 있더라도 처음부터 끝까지 책임지는 주체는 남이 아닌 내 자신이다. 새로운 일을 위해서는 필요한 요소들이 많이 있겠지만 제일 중요한 것은 내 자신의 준비이다. 그 준비는 바로 겉으로 보이는 몇몇 조건이 아닌 삶 전체가 되어야 한다.

삶의 목적과 직결된 창업

우리나라에 가장 많은 창업 아이템은 치킨, 피자, 식당이다. 그 외에도 매우 다양하지만 일단 비율로 본다면 요식업이 주류를 이룬다. 비교적 쉽게 도전해 볼 수 있기 때문이다. 큰 노력이나 시간을 들이지 않더라도 프랜차이즈에 가입하고 비용만 지불하면 쉽게 시작할 수 있기에 큰 인기를 끌고 있다. 그런 창업을 원하는 점주들을 모집하는 사업도 매우 성행한다. 그런데 창업을 한다고 바로 원하는 만큼의 수익이 생기지는 않는다. 장소와 아이템 등에 따라서 차이가 많겠지만 경기가 좋지 않은 요즘은 더욱더 신중해야 한다. 경기가 좋지 않을 때 가장 잘되는 업종이 간판 및 디자인 회사라고 한다. 개업한 지 얼마 되지 않아 폐업하는 일이 많아 간판을 바꾸는 일감이 많기 때문이다.

일은 인생과 직결되어 있다. 일을 잘못 선택하면 인생에도 큰 문제가 생기게 된다. 그러므로 창업은 단순히 일이 아닌 인생과 직결되어 있다. 그래서 '돈이 아닌 인생'을 계획하라는 것이다. 단지 지금보다 안락한 삶을 살기 위한 선택으로 창업을 고려해서는 안 된다. 창업에는 피나는 노력이 따른다. 성공이란 쉬운 일이 아니다. 사람들의 인정을 받으려면 누구나 할 수 있는 수준의 노력으로는 별다른 성과를 얻을 수 없다. 개인 사업이 직장생활보다 편하고 수입도 좋을 것이라는 막연한 기대는 버리는 것이 좋다. 노력에 더한 노력이 있어야 한다. 실패를 하고 또 실패를 해도 반드시 이루고자 하는 목적이 있어야 한다.

돈이 목적인 사람은 돈이 안 벌리면 금방 포기한다. 그런데 단순히 돈이 목적이 아니라 정말 하고 싶은 일이어서 하는 사람은 그 일이 좋기에 당장 풍족하지 않더라도 버틸 수 있게 된다. 다르게 말을 한다면 누가 오래 버티는지가 성공의 척도이기도 하다. 과연 누가 오래 버티겠는가? 자본이 많은 사람일까? 그렇지 않다. 엄청난 자본을 들여 멋있는 이태리 레스토랑을 개업하고 몇 개월 안 되어서 헐값에 매매하는 일을 흔히 볼 수 있다.

4차 산업혁명 미래를 향해 현재의 교육을 디자인하다!

실제적인 행동이 동반된
창업 준비

우리의 인생은 단 한 번뿐이다. 우리가 하는 일이 우리의 인생이고 그 인생을 잘 살아가기 위해서는 일의 선택에 신중해야 한다. 그리고 그 일을 사랑해야 한다. 그 일과 더불어 사는 것을 좋아해야 한다. 그렇지 않으면 조금만 힘들고 어려워도 포기하고 결국 모든 실패를 남이나 환경 탓으로 돌리며 불평하고 정부와 나라를 원망한다. 모든 것을 적으로 돌리고 스스로를 고립시키게 된다. 가보지 않은 길을 가려면 준비가 있어야 한다. 큰 위험이 없는 길은 쉽게 갈 수 있지만 만약 사하라 사막으로 여행을 떠난다면 어떻겠는가? 집 앞에 있는 마트를 가는 것처럼 가볍게 나서지는 않을 것이다. 준비하고 또 준비할 것이다. 죽지 않기 위해서 대비를 단단히 할 것이다. 새로운 여행으로의 모험을 떠나기 위해서는 그 여정의 시간보다 준비하는 시간이 더 많이 걸릴 수도 있다. 새로운 도전에는 철저한 준비가 필요하다.

반대로 시작은 없이 평생 준비만 하는 이들도 있다. 준비란 '실제적인 행동이 동반된 준비'여야 한다. 어쩌면 창업을 준비하기 위해서 지금까지의 생활 규모를 축소해야 할 수도 있다. 넉넉한 자본이 있더라도 어떤 일은 1년 혹은 그 이상의 시간이 지나야 수익이 발생할 수도 있다. 그 기간을 견디고 살아남기 위해서는 지금의 생활방식으로는 안 된다. 인생의 전체적인 디자인을 재구성해야 할 필요가 있다. 창업을 준비하는 단계부터 구체적이어야 한다. 막연하게 장밋빛 꿈을 꾸며 살아서는 안 된다. 꿈을 이루기 위해서는 실제적인 준비가 필요하다.

| 일과 삶

전혀 경험이 없는 어떤 분야의 일이 좋아 보이고 끌린다면 먼저 그 일에 대한 공부가 필요하다. 공부나 노력을 위한 투자 없이 창업을 한다는 것은 말이 안 된다. 구체적인 준비의 과정이 있어야 그것이 자신이 할 수 있는 일인지 아닌지가 구분이 된다. 만약 첫 느낌에 비해서 시간이 지날수록 에너지가 넘치지 않는다면 다른 일을 알아보는 것이 좋다. 시작하기로 정했으니 끝까지 해야 한다는 식의 투자는 큰 손해를 가져오게 될 것이다.

우리 주변에는 골목마다 편의점이 많다. 어떤 점주는 즐겁고 행복하게 일을 한다. 그런데 어떤 점주는 좋은 자리에 위치했어도 원하는 만큼의 수익이 발생하지 않는다고 불평이 가득한 채 일을 한다. 이 두 편의점 중에 어디로 손님이 몰릴까? 처음에는 자리가 좋은 곳으로 가겠지만 시간이 지나면 지날수록 자연히 좋은 기운이 넘치는 편의점으로 가게 된다.

똑같은 일을 해도 어떤 사람은 항상 좋지 않은 결과를 만든다. 그 일이 그 사람의 인생이 아니기 때문이다. 일과 인생이 분리되어 있으면 일에 대한 목적과 태도가 달라지기 때문이다. 일은 단순히 돈을 벌기 위한 수단이 아니다. 일은 행복이어야 한다. 일은 자기 자신이며 삶 자체여야 한다. 그럴 때에 좋은 결과를 얻게 된다.

참된 성공의 기준

성공의 기준은 남이 나를 어떻게 보느냐에 달려 있지 않다. 성공은 자기 자신이 하는 일이 얼마나 행복한가에 달려 있다. 하는 일이 행복해야 한다. 만족이 없는 일을 계획하지 말고 즐기며 할 수 있는 일을 찾기 바란다. 남을 의식하며 사는 것도 일면 좋은 점이 있지만 그렇게만 살면 자기 자신을 잃어버리게 된다.

중요한 것은 자기 자신이다. 유명한 회사, 고급스러운 일, 많은 연봉이 우리 자신이 될 수는 없다. 남이 인정해도 내 자신이 기쁘지 않으면 의미 없는 일이 아닌가? 내 자신이 흥이 나서 할 수 있는 일을 하다 보면 결국 남도 나를 인정하게 된다. 그래서 일은 바로 내 자신, 내 인생이다!

누군가는 상상을 현실로 만들고

누군가는 어떠한 기대와 발전도 없이 살아간다.

그 차이는 인간이 가지고 태어난

창조적인 발상에 충실하지 않기 때문이다.

PART

3

상상이
현실이 되다

01

인공지능의 발전은 기회인가?
불행인가?

필자는 초중고 학생들은 물론 교사 연수와 학부모 대상의 교육까지, 다양한 층의 사람들을 교육하고 강의도 한다. 인공지능과 관련된 강의를 할 때에는 항상 서두에 "인공지능 하면 가장 먼저 무엇이 떠오르는가?"라고 묻는다. 이 글을 읽고 있는 독자의 머리에도 많은 단어들이 떠오를 것이다.

인공지능이 무엇이며 앞으로 인공지능이 세상을 어떻게 변화시킬지에 대한 전문적인 지식이나 특별한 관심이 없더라도 우리의 일상에는 이미 인공지능이 함께하고 있다. 10년 동안 로봇공학 및 코딩 등을 가르쳐왔지만 지금처럼 인공지능에 대한 관심이 많았던 때는 없었던 것 같다.

'인공지능' 하면 먼저 떠오르는 것 중 하나는 '알파고와 이세돌의 바둑 대결'일 것이다. 2016년 세계의 이목을 집중시켰던 인공지능과 인간의 바둑 대결은 과거에 있었던 어떤 게임과도 비교가 안 되는 큰 관심을 끌었다. 과거 1997년 IBM은 인공지능 왓슨의 전신인 딥블루로 체스 세계 챔피언을 이겼다. 그때로부터 약 20년이 지난 지금은 인공지능 관련 기술과 산업이 급속도로 발전하고 있으며 이에 따른 새로운 직업들이 생겨나고 있다. 이러한 시점에서 우리는 어떻게 이에 발맞추어 직업을 택하고 창업을 준비해야 할까?

새로운 변화를 읽을 수 있어야

새로운 기술은 인간의 삶을 윤택하게도 하지만 불안하게도 만든다. 제4차 산업혁명에 대해 생각하고 준비하기도 전에 새로운 기술들이 빠르게 보급되고 있기에 상당수의 사람들은 불안과 두려움으로 이러한 변화를 회피하려는 현상을 보인다. 학생들에게 "인공지능이 미래의 직업에 있어서 긍정적인가?"를 물으면 잠시 고민을 하다가 부정도 긍정도 아닌 답을 하는 것을 종종 보게 된다.

인류의 발전은 새로운 도전과 상상을 현실로 만들려는 꿈을 이루고자 하는 갈망에서 비롯되었다고 할 수 있다. 새로운 기술은 분명 사람을 위한 것임에도 미래를 예측하는 정보들을 대하는 일반 사람들은 부정적인 이미지를 먼저 갖는 경우가 많다. TV나 신문에서는 인공지능의 도입, 즉 제4차 산업혁명으로 인해서 "10년이내에 사라질 직업군은 무엇이며 이에 따라 일자리 몇십만 개가 사라질 것이다!"라고 보도한다. 결국 사람들은 부정적인 생각을 갖게 되며 새로운 시대에 대한 적극적인 준비보다는 반대하거나 겁을 먹고 회피하려는 현상이 나타나는 것이다. 그래서 변화를 읽고 적극적으로 준비하려는 마음을 갖는 것이 중요하다.

인공지능과 관련된 직업들

인공지능은 사람의 지능을 흉내 낸 프로그램이다. 컴퓨터가 발달하면서 엄청나게 빠른 속도의 연산장치(CPU)가 개발되었고 과거에는 상상할 수 없었던 어마어마한 양의 수많은 정보를 분류하고 찾아내고 분석해서 중요한 자산으로 거듭나게 하고 있다. 이런 기술의 발달로 인하여 반복적이고 대체 가능한 분야의 직업에 인공지능의 기능이 급속도로 도입되고 있으며 점점 더 광범위하게 사람의 할 일을 대체하고 있다.

또한 인공지능의 역할은 사람보다 더 정확하게 일을 처리할 수 있는 부분에서 그 중요도가 커지고 있다. 이미 병원에서는 인공지능으로 폐를 촬영한 영상을 판독해서 폐암을 진단하고 치료하는 데 사용되고 있으며, 최근 미국에서는 인공지능 판사가 판결을 내린 사례도 보도되었다. 기타 사람의 실수나 부족함을 채우기 위한 분야에서도 인공지능의 역할은 나날이 커져가고 있다.

그러면 인공지능과 관련 있는 직업에는 어떤 것들이 있을까? 창업을 준비하려는 청년이라면 반복적인 상담을 대신해 주는 '챗봇(chatter robot)' 개발자를 생각해 볼 수 있다. 챗봇은 사람과 기계 사이에 대화를 하기 위해서 만들어낸 프로그램이다. 예를 들어서 택배 배송 시간을 문의하기 위해서 챗봇서비스를 이용하면 사용자는 챗봇과 대화를 나누면서도 사람과 대화를 나누는 것처럼 정확한 서비스를 받을 수 있다. 택배의 이동 상황과 도착 예정 시간 등을 문의하면 즉시 대답을 해주는 것이다.

그렇다면 이러한 챗봇을 개발하는 일이 어렵지 않을까? 물론 간단한 작업은 아닐 것이다. 그러나 일반적으로 공무원이 되거나 대기업에 취업하기 위해서 준비하는 시간과 열정의 '10%'만 사용한다면 충분히 가능한 일이기도 하다. 사실 공무원이나 대기업이 제공하는 일자리는 턱없이 부족하기에 그 경쟁을 뚫기 위해 구직자들이 밤낮으로 공부한다 해도 합격하기란 쉽지 않은 일이다. 그러나 만약 인공지능 분야로 관심을 돌린다면 충분히 새로운 일자리를 얻을 수 있으며, 자신만의 아이디어로 인공지능 서비스를 개발한다면 역량에 따라 창업도 가능하다. 챗봇은 하나의 예에 불과하다. 더 많은 인공지능 관련 직업들이 널려있으며 앞으로 그 종류는 더 많아질 것이다.

4차 산업혁명 미래를 향해 현재의 교육을 디자인하다!

인공지능과 관련된 선입견(컴퓨터에 능통한 특별한 사람들만 가능하다는)을 버려야

현재 최첨단 기술인 '인공지능' 기술과 소프트웨어를 개발하는 방법들이 상당히 공개되어 있다. 그러므로 프로그래머가 인공지능과 관련된 서비스나 직업을 위해서 처음부터 끝까지 모든 것을 개발할 필요가 없다. 자신만의 독특한 아이디어를 접목해 인공지능을 활용할 수 있는 수준이면 충분하다. 인공지능은 다양한 직업군 중에서도 사람의 반복적이고 힘든 일, 특히 감정적인 소비가 심한 직업군을 가장 빨리 대체하게 될 것이다. 결국 어떤 일자리는 사라지겠지만 새로운 일자리가 창출될 것이다. 이렇게 새롭게 생겨나는 '틈새시장'을 노려야 한다. 미래에는 인공지능의 활용으로 없어지는 직업들도 많겠지만, 동시에 시대에 맞는 새로운 직업들도 많이 생겨날 것이다. 미래의 현상을 예측하고 새로운 원함과 수요들을 읽게 된다면 필요한 서비스들을 개발할 수 있다.

간단한 예를 들어 동네에 있는 미용실을 생각해보자. 동네의 조그만 미용실에 챗봇을 도입하고 인공지능 서비스를 도입한다면 어떨까? 요즘은 노인들까지 스마트폰을 사용한다. 스마트폰에 설치된 미용실 챗봇이 음성으로 예약 상황도 알려주고 어떤 헤어스타일이 좋을지도 추천해 준다면 이 작은 미용실의 영세한 점주에게는 아마도 큰 도움이 될 것이다!

이제는 기존의 산업과
새로운 기술의 접목이 필요한 때

지역에 따라서 특화된 농산물이 있다. 예를 들어 금산은 깻잎과 인삼, 딸기 등이 유명하다. 약초도 금산 지역의 중요한 작물이며 이미 큰 수익을 올리고 있다. 하지만 여기에 인공지능을 연결한다면 한층 더 큰 산업으로 발전할 가능성이 많다.

필자는 금산으로 귀촌했지만 원래 이 지역에서 태어난 자녀들은 직업을 찾기 위해서 고향을 떠나고 있다. 요즘 농촌에서는 젊은이들이 직장을 찾아 도심이나 타지로 떠나는 일이 당연시되고 있다. 미래를 내다보는 제4차 산업혁명의 직업군을 위해 지자체가 미래의 직업을 준비한다면 대도시가 아니더라도 지속적으로 발전할 수 있는 성장 동력의 기초를 놓을 수 있다.

물론 결실을 맺기까지는 많은 시간이 걸릴 것이다. 그렇다고 손 놓고 아무런 준비도 하지 않는다면 지역경제는 정체하고 퇴보하며 나아갈 방향을 잃게 될 것이다. 이미 가진 귀한 것을 더 귀하게 돋보이도록 하려면 새로운 기술, 새로운 시도, 새로운 도전이 필요하다. 불가능한 것을 하라는 것이 아니라 사용 가능한 기술을 통하여 현재의 산업을 더욱 발전시키라는 것이다.

새로운 아이디어를 접목해
인공지능을 활용하라

　인공지능 서비스에는 구글에서 개발한 '딥마인드', IBM에서 개발한 '왓슨', 한국전자통신연구원(ETRI)의 '엑소브레인'이 있다. 이 인공지능 서비스는 사람의 말을 알아듣는 기능, 글자를 이해하는 기능, 영상 처리 기능 등을 제공하고 있다. 다시 말하지만 인공지능을 처음부터 개발하고 연구하는 것이 아니라 이미 만들어져 있는 프로그램(API)을 활용해서 새로운 아이디어와 접목시켜서 창조적인 서비스를 만들어내는 것이다. 그러려면 기본적인 프로그램을 만드는 기술은 필요하겠지만 그렇다고 무슨 특출난 인공지능 전문가만 할 수 있는 일은 아니라는 말이다. 어떤 아이디어를 가졌는지가 중요하다. 일상생활에 필요한 '재치있고 기발한 아이디어'가 곧 창업이다.

　기존에 있던 것을 더욱 편하고 즐겁게 만드는 것, 사람의 니즈(needs, 필요)를 찾아내고 충족시켜 주는 것이 관건이다. 지속발전이 가능한 부분을 찾아내고 투자하고 교육하여 인재를 양성하는 일이 필요하다. 인공지능과 관련된 산업을 다 나열할 수는 없지만 아무쪼록 독자들은 발전 가능성이 무궁무진한 인공지능에 관심을 가지기 바라며 정부와 지자체는 인공지능 관련 인재육성에 적극 투자하고 개발하는 일을 지속하기를 바란다.

02

무한한 가능성을 가진 드론

1903년 12월 17일, 라이트 형제가 동력비행기를 조종하여 지속적인 비행에 성공한 이래 114년이 지난 현재, 사람이 직접 항공기에 탑승을 하지 않고도 비행기를 조종하는 무인항공기를 쉽게 볼수 있게 되었다. 새처럼 하늘을 자유롭게 날아다니려는 인간의 꿈은 땅에서 태어나 땅에 붙어서 살아야 하는 인간의 숙명을 극복하고 결국 인간의 한계를 뛰어넘는 쾌거를 이루었다. 이는 끝없는도전과 실패의 반복을 통해서 꿈을 이루어 낸 인간의 무한한 상상력의 승리인 것이다. 라이트 형제의 하늘을 날고자 하는 '욕망'은지금 우리들에게도 여전히 꿈틀거리고 있고 이제는 드론(무인항공기)으로 표현되고 있다.

어린이부터 어른에 이르기까지 드론에 대한 관심은 매우 크다. 아이들의 작은 완구용 드론부터 산업용 드론과 군사용 드론에 이르기까지 보급도 많아지고 용도도 다양해졌다. '드론(Drone)'이라는 명칭은 벌이 내는 웅웅거리는 소리에서 따왔다. 드론은 무선조정기를 이용하여 전파로 항공기를 조정하는 무인 항공기이다. 처음에는 군사적 목적에서 개발되었지만 점차 기술이 발전되면서 다양한 목적과 용도로 활용되게 되었다. 현재 드론은 수많은 분야에 사용되고 있으며 앞으로 어디까지 발전이 될지 귀추가 주목되고 있다.

드론과 관련된 직업

무인항공기인 드론의 기술은 인간의 삶을 쉽고 빠르게, 그리고 편리하게 변화시키고 있다. 과거에는 항공 촬영을 위해서는 헬기를 띄워야 했다. 비용도 많이 들었고 위험성도 높았다. 헬기 조종사도 많지 않고 헬기라는 항공기의 가격 자체가 비싸니 한 번 사용하는 비용이 비싼 것은 당연한 일이다. 그러므로 하늘에서 내려다본 사진 한 장을 찍으려면 헬기 조종사, 촬영기사, 헬기 띄우는 비용 등이 어마어마했다. 그런데 지금은 대략 200만 원 정도의 드론만 구입하면 언제든 쉽게 항공촬영을 할 수 있다. 요즘에는 지역 신문사들도 항공촬영을 통하여 얻은 사진들로 독자들에게 정확한 정보를 전달하고 있다.

그렇다면 새로운 기술은 인류를 새로운 삶으로 안내하기도 하지만 기존의 일자리를 잃게 만드는 위협일까? 그렇지만은 않다. 반대로 생각을 한다면 새로운 기회의 시작이기도 하다. 드론이 많아지면 항공기 조종사의 일자리는 적어지지만, 드론을 이용한 항공 촬영과 관련된 새로운 직업들이 생긴다. 그러므로 시대의 흐름을 읽고 미리 준비한다면 기술의 발달은 곧 모두가 성공할 수 있는 기회가 되는 것이다.

최근 드론은 농업에도 적극적으로 활용하는 추세이다. 기존에는 농작물에 비료나 농약을 살포하려면 사람이 무거운 통을 등에 메고 다니면서 일일이 손수 뿌려야 했다. 이는 단지 힘이 많이 드는 작업이라는 점 외에도 몸에 해로운 농약을 직접 살포해야 한다는, 건강상 부정적인 측면이 많았다. 그런데 농업용 드론을 이용하면 일정한 양을 정확하고 안전하게 살포할 수 있으며 300만 원 정도의 비용이면 구입할 수 있다. 그러므로 각종 드론을 이용한 사업을 계획하는 것도 좋은 창업 아이템이 된다. 농번기에는 일손이 부족하여 난리다. 사람이 없으니 인건비가 오르는 것은 당연한 일이고 적절한 시기에 작업을 해야 하는데 그렇지 못할 경우에는 한 해의 농사를 망치는 일까지 생긴다. 드론은 여러 방면에서 이러한 문제들을 해결해 주고 있으며 새로운 창업과 일자리 창출 분야로 부상하고 있다.

이외에도 드론은 불법조업이나 대기오염을 감시하는 용도로도

4차 산업혁명 미래를 향해 현재의 교육을 디자인하다!

사용된다. 지진으로 건물이나 터널이 붕괴해 사람들이 안에 갇히면 드론으로 3차원 형상 정보를 확보한 뒤 무선통신에 기반한 매몰자 위치 탐지기술로 갇힌 사람들의 위치를 파악하고 구호할 수 있는 지점을 예측하는 데도 사용되고 있다.

미래의 드론
어디까지 발전할까?

드론의 활용은 이제 막 시작되었다. 앞으로 어디까지 발전할지 아무도 예측할 수 없을 만큼 계속 개발되고 진행되고 있는 기술이다. 세계적인 IT기업들은 드론 기술을 개발하고 발전시키는 데 많은 투자를 하고 있다.

세계 최대 전자상거래업체인 아마존이라는 회사는 '프라임에어'로 2016년 12월에 고객이 주문한 아마존 파이어 TV셋톱박스와 팝콘 한 봉지를 드론으로 배달했다. 이는 드론을 이용한 첫 상업적 배달로 주문 후 '13분' 만에 고객의 손에 전달된 것이다! 도미노 피자도 뉴질랜드에서 드론을 활용한 피자 배달에 성공했다. 도미노 피자 관리이사는 "드론 피자 배달 서비스는 일자리를 뺏어가는 것이 아니라 일자리를 창출한다"며 앞으로 드론 피자 배달 서비스를 전담하는 직원들을 고용해 드론관리와 주문 업무를 맡길 계획이라고 말했다. 구글은 오래전부터 하늘에 풍선을 띄워서 인터넷망이 없는 오지에서도 인터넷을 사용할 수 있는 기술을 연구해 왔다. 작년에는 비밀리에 '태양광 자가발전 드론' 여러 대를 공중에 띄우고 5G 인터넷을 가동하는 서비스를 테스트하기도 했다.

이렇게 드론은 하늘을 비행하는 일에만 국한되는 것이 아니라 컴퓨터와 IT기술의 융합을 통하여 새로운 서비스를 창출해 내고 있다. 드론의 활용은 현재 방송, 광고, 택배, 인터넷 서비스, 교육, 농업, 재난 대응 등 셀 수 없이 많은 분야에 사용되고 있다. 누가 드론의 기술을 활용하여 새로운 사업을 창출해 내는지가 관건이다.

글로벌 기업들은 기존의 기술에 새로운 아이디어를 더한 특허를 빠르게 출원하고 있다. 미래의 기술 선점을 위해서 실현 가능성이 낮다 하더라도 발전 가능성이 있다면 적극적으로 특허를 내고 있다. 우리의 자녀들에게도 상상한 것을 스케치하고 현재의 기술을 바탕으로 앞으로 변화될 세상을 꿈꾸고 디자인하며 즐거운 상상을 하게 하는 것이 필요하다.

| 안전과 규제의 문제

현 정부는 기술 개발과 기업의 투자 및 발전을 저해하는 규제들의 문제를 인식하고 '신산업, 신기술을 위한 규제혁신'을 강조하며 새로운 변화를 모색하고 있다. 기술과 산업은 발전하고 있는데 이것을 지지해줄 기반이 약하니 실용화가 늦어지고 발전이 더딘 것이다. 글로벌 기업과의 경쟁에서 살아남기 위한 규제혁신과 전폭적인 제도적 지원이 필요한 때이다. 드론이 교육용으로도 일반화되면서 드론지도자 양성과정도 활발하게 이루어지고 있다.

필자도 진로체험 강의를 할 때 드론의 이론과 체험을 통하여 학생들의 이해를 높이기 위한 다양한 방법을 제시하고 있다. 드론 수업과 관련하여 가장 강조하고 유념시키는 것은 다름 아닌 '안전'이다. 드론은 공중을 날면서 움직이기에 일단 재미있고 학생들의 관심도가 매우 높다. 드론을 이미 가지고 있는 학생들도 많기에 익숙하다. 그래서 더욱 드론을 조종할 수 있는 장소와 그렇지 않은 장소를 구분해주고 위험한 조종으로 인하여 사고가 나지 않도록 안전한 비행을 강조하고 또 강조한다.

교육용 드론의 경우에는 이론과 함께 무선조종기를 이용한 제어 학습도 병행한다. 택배 배달에 사용되는 드론은 GPS(위성위치확인시스템)가 장착되어 있어 프로그래밍이 되어 있는 대로 지정한 장소로 자동으로 비행하여 물건을 배송한다. 이를 실습할 수 있는 코딩이 가능한 교육용 드론이 있다. 드론의 이륙과 동작 시간 등을 코딩하여 입력하면 사용자가 원하는 대로 제어가 가능하다. 즉 조종기로 조종하는 것이 아닌 사용자가 코딩한 프로그램대로 작동하는 것이다. 이러한 교육과 체험을 통하여 학생들은 미래의 직업에 대해 탐색하면서 구체적인 진로도 정할 수 있는 기회를 갖게 된다.

재미와 향후 발전 가능성이
높은 일을 찾아라!

　매년 초등학교와 중학교는 과학의 달인 4월에 전국적으로 〈청소년과학탐구대회〉를 개최한다. 다양한 종목이 있고 매우 중요한 행사로 진행하고 있다. 그중에 '항공우주' 종목이 있다. 이 종목은 비행체를 탐구, 제작하는 과정을 통해서 창의력과 문제 해결력을 개발하는 데 목적을 두고 있다. 항공우주 종목은 21세기가 요구하는 도전정신과 리더십을 가진 창의적인 글로벌리더를 양성하기 위한 일환으로 매년 실시하고 있다. 그만큼 중요하다고 할 수 있다. 아직까지는 교육청 주관으로 교내에서 드론 대회를 열지는 않지만, 비행체(에어로켓, 글라이더 등)를 만들면서 적용된 제작 원리와 과학적인 면들을 배울 수 있다.

　드론에 흥미가 있다면 항공우주 관련 지도사를 준비하는 것도 좋다. 학생들을 가르치면서 드론과 관련된 창업 및 사업도 모색해 보면 좋을 것이다. 미래의 직업을 탐색할 때는 여러 가지 고려할 사항이 있지만 무엇보다 자신이 좋아하고 관심이 있으며 즐겁게 할 수 있는 분야를 찾아보라고 권하고 싶다. 이 책에서 소개하는 직업군(IT분야)과 앞으로 계속 소개할 직업은 새롭게 각광받고 있고 장기적으로도 안정적인 일자리에 속한다. 그러나 새롭고 좋은 직업이라고 무조건 배우고 도전해서는 안 된다. 관심이 가고 끌리는 것이 있어야 한다.

4차 산업혁명 미래를 향해 현재의 교육을 디자인하다!

03

원하는 모든 것을 출력하는
3D프린터

　우리는 현재 각 가정마다 프린터 한 대 정도는 보유하고 있는 시대에 살고 있다. 앞으로 3D프린터도 가정에 필수 장비로 보급될 날이 멀지 않았다. 지금 사용하고 있는 2D프린터는 글자를 인쇄한다. 2D프린터의 종류도 흑백 혹은 컬러인지, 잉크 방식 혹은 레이저 방식인지에 따라 다양하다. 하지만 종이에 인쇄되는 방식 자체는 똑같다. 그런데 3D프린터는 완전히 다르다. 종이에 인쇄하는 방식이 아니라 '3D' 즉 입체, 3차원의 물건을 출력하기 위한 프린터인 것이다. 입체를 출력하기 위해서는 다른 방식의 작업이 필요하다. 즉, 출력하기 원하는 모양을 컴퓨터로 3D모델링을 하여 출력하게 되는 것이다. 아니면 기존의 완성된 모형을 다운로드받아서 출력할 수도 있다.

언론 매체에서도 3D프린터에 관한 내용이 종종 보도된다. 기존의 방식과는 다른 혁신적인 일들이 3D프린터를 이용하여 일어나고 있다. 개인이 주택을 출력하여 건축을 할 수도 있고 공장이 없더라도 자동차를 출력하여 자동차를 만들 수 있다. 심지어 비행기도 만들고 있다. 이렇게 큰 규모의 출력 외에도 3D프린터는 창작을 위한 시제품 제작에도 유용하게 사용된다. 기존에는 기업들이 제품을 개발하기 위해서 많은 시간과 돈을 투자해야 했지만, 이제는 영세한 개인이라도 기발한 아이디어만 있으면 제품을 만들어 평가를 받을 수 있게 되었다. 사실 3D프린터는 이런 몇 마디 말로는 다 표현하기 힘들 정도로 엄청난 시간과 엄청난 비용을 절감시키는 역할을 하고 있다. 새롭게 등장한 3D프린터는 앞으로 수많은 일자리를 만들어 낼 것이며 그 발전가능성이 무궁무진하다.

다양한 분야에 활용되고 있는 3D프린터

컴퓨터에서 만들어 낸 3D(입체) 이미지 데이터를 한 층, 한 층 쌓아가는(적층) 방식으로 물건을 만들어 내거나 액체 기반의 방식을 사용하여 빛을 쪼이면 굳어지게 해서 만들기도 한다. 물건을 만드는 재료도 다양하다. 일반적으로는 고체 기반의 방식으로 플라스틱 실(필라멘트) 같은 원료를 녹여서 적층하여 물건을 만든다. 나일

4차 산업혁명 미래를 향해 현재의 교육을 디자인하다!

론, 모래, 초콜릿, 뼈 재질, 고무, 유리 등이 사용되며 심지어 약을 성분별로 혼합하여 질병에 최적화된 의약품을 만들기도 한다. 제작하려는 물건의 종류와 특성에 따라서 사용 가능한 재료도 다양하기에 필요에 맞게 선택하면 된다.

1988년에 세계 최초로 3D프린터가 개발되어 판매되었다. 액상 수지에 자외선 레이저 빛을 쏘여서 원하는 형상을 만드는 방식이었다. 그 후로 다양한 방식의 프린터가 개발되었다. 그런데 특허의 존속 기간이 20년이기에 거의 모든 3D프린터 기술의 특허권이 만료되고 있다. 이미 관련 기술을 공개하여 누구나 사용할 수 있도록 개방하는 흐름으로 인해 3D프린터의 기술이 오픈되었고, 많은 회사들이 프린터를 만들어 판매하게 되면서 가격이 상당히 떨어진 상황이다. 이러한 흐름과 맞물려서 일어난 운동이 '메이커 운동'이다. 이는 자신의 아이디어와 자신의 힘으로 직접 제품을 만들어서 네트워크를 통해 노하우를 공유하고 확산시켜 가는 문화로서, 3D프린터는 이에 많은 역할을 감당하게 된다. 자본과 기술을 가져야만 제조업을 할 수 있었던 시대에서 지금은 컴퓨터와 3D프린터 하나만 가지고 있어도 제조업을 시작할 수 있는 시대에 이르렀다.

과거에는 좋은 아이디어가 있다 해도 그것을 실물로 구현하기 위해서는 많은 과정이 필요했다. 설계를 위한 전문 인력이 필요했고 시제품을 만들기 위한 주물, 주형도 필요했다. 이 두 가지 과정에만도 시간이 몇 달씩 걸렸고 시제품이 나온다 해도 테스트를 통해서 수정 보완하고 다시 시제품을 만드는 데 또 동일한 시간이 걸렸다. 따라서 한 가지의 좋은 아이디어가 상품화되기 위해서 들어가는 시간과 비용은 개인으로서는 감당할 수 없을 만큼 어마어마했다. 하지만 지금은 제조업과 관련된 창업이 매우 쉬워졌다. 단 2가지, 컴퓨터와 3D프린터만 있으면 가능해진 것이다.

┃ 창업을 위한 유용한 도구

좋은 아이디어가 있더라도 그것을 좋은 상품으로 만들기 위해서는 또 다른 과정이 필요하다. 물리적인 제약이 낮아져서 제조업이라는 시장에 쉽게 뛰어들 수는 있지만 현실성 있는 상품을 만들기 위해서는 혼자의 힘으로는 부족하다. 그래서 정부는 창업을 돕는 다양한 방안들을 만들어 지원하고 있다. 아이디어가 상품이 될 수 있도록 하는 것이다. 하나의 아이디어가 결실을 맺을 수 있도록 재정지원과 인적지원을 아끼지 않고 있다.

필자도 2012년도에 『청년등 사회적 기업가 육성 사업』에 선정이 되어 도움을 받은 적이 있었다. 이제는 초보 창업자나 실패를 거듭했던 사람도 아이디어 하나로 창업에 도전하는 일이 어렵지 않게 되었다. 창업을 돕는 다양한 제도 중에 '인큐베이팅(Incubating)'이 있다. 이는 원래는 조기 출산된 신생아를 보호하여 건강해질 때까지

돌보는 시스템을 지칭하는 말로서, 창업지원과 관련해서는 '불완전하고 확실치 않은 아이디어'에 자본과 기획력, 마케팅 능력을 더해서 회사로 키워주는 제도를 의미하는 용어로 쓰인다. 경험이 많은 사업가들이 조력자가 되어 옆에서 이끌어 준다. 사업에 필요한 사무실, 장비, 기술까지도 협력을 통하여 보완해 준다.

3D프린터를 사용한 제품생산의 또 하나의 이점은 대량생산 이전에 필요한 만큼만 생산을 해서 시장의 반응을 살펴보며 대응할 수 있다는 점이다. 따라서 생산비용이나 재고에 대한 부담이 없이도 사업을 시작할 수 있다.

요즘 소비자의 욕구는 매우 다양하며 유행에 따라서 필요로 하는 상품의 요구도 빠르게 변하는 경향이 있다. 3D프린터를 활용하면 이러한 흐름에 맞추어 자신의 아이디어를 제품화하여 시장의 반응을 부담 없이 즉시 확인할 수 있게 된다. 1인 기업으로서 제조, 유통, 판매를 모두 혼자 할 수 있게 도와주는 기술이 3D프린터의 등장의 성과라고도 할 수 있겠다.

3D프린터는 사용이 안 되는 곳이 없을 정도로 광범위하게 활용이 되고 있다. 3D모델링을 가르치는 교육을 시작으로 해서, 건축, 의료, 캐릭터 제작, 인테리어, 항공, 자동차 산업, 요리 등 매우 다양하다. 그렇다면 이 많은 분야 중에서 어떤 것을 선택하고 응용해서 직업을 준비해야 할까?

예를 들어서 어떤 청소년이 건축디자인에 관심이 있다면 컴퓨터로 설계 및 디자인하는 것에만 관심을 가질 것이 아니라 디자인한 내용을 3D프린터로 출력하는 방법을 배워서 건축 모형 작품을 출력하여 모아 둔다면 취업하는 데 큰 도움이 될 것이다. 의사가 꿈인 학생이 있다면 관심이 있는 분야와 연결된 모형을 만들어 보는 것이다. 의료계에서는 인공 뼈를 출력해서 사용하고 있으며, 장애가 있는 반려동물을 위한 의족을 출력해서 도움을 주기도 한다.

이제는 하나의 분야만 잘하는 것이 아니라 응용력, 융합력이 필요한 시대이다. 자신이 관심이 있는 분야에서 뭔가 특별한 경쟁력을 갖기 위해서는 새로운 기술과의 접목이 필요한 시점이다.

| 먼저 취미로 시작해 보자

창업과 취업 준비라는 목표를 설정하면 너무 무게감이 든다. 처음에는 쉽게 접근하는 것도 좋다. 뭐든지 즐기고 재미있게 한다면 좋은 결과와 새로운 아이디어도 생기는 법이다. 3D프린터는 관련이 없는 분야가 없을 만큼 활용성이 다양하기에 마치 컴퓨터로 문서작성을 배우듯 쉬엄쉬엄 배워보는 것도 좋다.

과거 3D모델링 프로그램들은 매우 비싸고 사용하기도 어려웠다. 그러나 지금은 초등학교 저학년도 원하는 물건을 컴퓨터 프로그램으로 쉽게 디자인할 수 있는 모델링 프로그램들이 많다. 대표적으로 '싱커캐드', '스케치업' 등이 있다. 참고 도서도 많아서 집에서도 스스로 연습할 수 있다. 또한 당장 3D프린터를 구입하지 않더라도 무료로 출력해주는 곳도 어렵지 않게 찾을 수 있으며 모델링 파일을 메일로 전송하면 출력해서 택배로 보내주는 서비스까지 있다. 개인이 프린터를 구입하기 원하면 30만 원 전후에도 구입 가능한 모델이 있다. 과거에는 문구나 인테리어 용품 등을 구입할 때 시중에 나와 있는 제품들 중에서 골라서 사야 했다면 이제는 자신이 원하는 디자인으로 기존의 모델링 파일을 편집해서 세상에 하나밖에 없는 나만의 소품을 제작해서 사용할 수 있다. '싱기버스'라는 인터넷 사이트에 가면 개인들이 만들어서 공유하는 모델링 파일들이 많이 있다.

창의성이란 무에서 유를 창조하는 기술만이 아니라 기존에 있던 제품의 불편한 점들을 개선하고 새롭게 재해석해서 표현해내는 것도 포함된다. 다른 사용자들이 만들어 놓은 3D모델링 파일들을 따라서 출력해 보면서 조금씩 응용하여 자신의 작품을 만들어 볼 수 있다.

새로운 기술에 대한 우리들의 첫 느낌은 신기하고 재밌지만 막상 사용해 보려면 생소하고 어색할 수 있다. 그러므로 내가 전혀 모르는 새로운 것을 배운다는 생각보다는 이미 내가 즐기고 있는 것을 확장시키고 더 발전시키기 위한 방법으로서 3D프린터를 배워보는 것을 추천한다.

04

자율주행 자동차

새로운 기술,
새로운 일자리

현재와 미래의 산업은 융합되어 가고 있고 경계가 허물어지고 있다. 예를 들어서 기계와 전자공학 분야는 정보통신기술의 영향으로 새로운 분야를 만들어 내고 있다. 운전자가 자동차를 제어하던 시대에서 이제는 자동차가 스스로 운전하고 목적지까지 데려다준다. 이것은 시작에 불과할 뿐 미래에는 더욱 다양한 분야로 폭넓게 발전하게 될 것이다.

모든 자동차 회사들이 자율주행 자동차에 대한 투자를 확대하며 발 빠르게 상용화를 위한 준비를 하고 있다. 자동차는 수많은 부품들이 모여서 움직인다. 이런 기계를 사람이 아닌 컴퓨터가 스스로 알아서 움직이도록 하기 위해서는 기존의 자동차 기술과는 다른 새로운 기술들이 요구된다. 결국 미래에는 새로운 기술을 운용할 수 있는 새로운 일자리들이 더욱 많이 필요하게 되는 것이다.

세상의 모든 기술이 집약된 자동차 산업

국비지원으로 교육을 받을 수 있는 직업전문학교 및 학원에 빠지지 않는 교육과목 중 하나가 자동차 관련 직업이다. 국가적으로 육성하며 일자리 창출을 위해서 계속 투자하고 있는 직업군이 자동차 산업이기 때문이다. 자동차에는 매우 다양한 기술이 적용되기에 필요한 인력도 많고 전문적인 분야로 구분되어 배워야 할 것도 많다. 과거에 자동차는 기계 관련 산업이었으나 이제는 전자통신 분야로 확대되어 자동차 안에는 세상에 있는 모든 기술이 집약되어 있다고 해도 과언이 아니다. 매우 복잡하고 다양한 기술의 융합을 통하여 도로 위를 달리는 것이 자동차이다. 앞으로는 도로에서의 한정된 주행을 뛰어넘어 필요에 따라서는 하늘을 날 수 있는 자동차가 상용화될 날이 올 것이다. 영화에서만 보았던 장면들이 우리 눈앞에 이루어질 날이 멀지 않았다고 필자는 생각한다.

자율주행 자동차와
미래의 직업

　세계적으로 자율주행 자동차가 도로 위를 달릴 수 있도록 법과 규제 등을 과감하게 신설하고 수정하고 있다. 자동차가 안전하게 자율로 다니기 위해서는 자동차를 잘 만드는 것만이 아니라 그에 맞는 도로의 정비 및 지도 등 갖추어야 할 것들이 너무도 많다. 그러면 자율주행 자동차에 적용된 기술들을 살펴보며 미래의 직업에 대해서 생각해보자. 자동차가 사람을 대신해서 주행하기 위해서는 사람이 가지고 있는 기능이 자동차에 있어야 한다.

　우선 사람은 눈으로 주위 환경을 본다. 안전한 주행을 위해서는 주·야간을 포함하여 비나 눈이 오는 도로의 상황을 정확하게 식별할 수 있어야 한다. 그러므로 자율주행에는 사람의 눈의 기능을 하는 센서가 필요하다. 구글의 자율주행 자동차에 적용되었던 센서는 '라이더'라고 불렀다. 이 장치에는 음파 장비와 3D카메라, 레이더 장비가 포함되어 있다. 사람의 눈이 사물과 사물의 거리를 측정하고 위험을 감지하듯이 그 기능을 라이더가 하는 것이다. 그러므로 자율주행 자동차에 적용되는 다양한 센서를 개발하고 연구하는 분야는 지속적으로 발전성이 있으며 필요한 인력도 늘어날 것이다. 사람이 보는 것처럼 주변의 사물을 파악하게 하는 영상 센서 기술의 발달은 안전한 자율주행차의 핵심이라고 볼 수 있다.

자율주행 자동차와
인공지능 관련 직업

 자동차 회사의 자체 기술만으로는 자율 자동차를 만들 수 없기에 협업을 통한 기술 발전에 힘을 쏟고 있다. 컴퓨터 그래픽 카드를 만드는 미국의 엔비디아는 영상 처리 기술을 보유했기에 자율주행 자동차를 개발하고 있는 회사들과 함께 이미지 분석 기술을 개발하고 있다.

 현실 세계를 사람이 이해하는 것처럼 기계가 인식할 수 있도록 하는 기술이 절실히 필요한 시점이다. 사람도 비가 오거나 눈이 내리면 운전에 큰 영향을 받게 된다. 야간에도 마찬가지다. 이러한 점에서 기계가 사람보다 뛰어나야 안심하고 자율주행 자동차를 이용하게 될 것이다. 여기서 중요한 점이 있는데 기계가 사람과 똑같이 본다고 해도 문제는 스스로 영상을 분석하고 판단하는 기능이 발전되어야 한다는 것이다. 앞서 인공지능(AI)에 대한 글에도 언급했듯이 자율주행 자동차에 빠져서 안 될 기술이 인공지능이다.

 인공지능은 사람과 똑같이 학습하는 기능적 특징이 있다. 인공지능은 스스로 자료와 경험을 축적하여 사람처럼 생각하고 판단한다. 이러한 과정을 위해서 구글은 가상의 마을을 만들어서 자율주행 자동차가 주행을 하면서 학습할 수 있도록 했다. 사람도 초보 운전자와 숙련된 운전자의 주행안전도가 다른 것처럼 인공지능도 얼마나 시험주행을 통해서 학습하고 데이터를 축적했느냐에 따라서 안전성에 차이가 날 것이다.

지금은 자동차를 구입할 때 기계적인 편의장치 옵션을 고려한다. 그러나 자율주행 자동차가 등장하게 되면 어느 회사의 인공지능이 탑재되었는지가 중요하게 될 것이다. 검증된 자율주행 인공지능을 가진 차가 아니라면 아무리 멋지고 좋은 차라도 팔리지 않을 것이다.

미래의 일자리 중에 자율주행 자동차에 들어가는 인공지능과 관련된 직업은 매우 인기가 높을 것이다. 현대자동차 그룹은 자율주행 자동차와 로봇과 인공지능 분야에 23조 원을 투자한다고 발표했으며 이에 따라 4만 5천 명이 인력이 신규 고용될 것으로 전망했다. 이렇듯 새로운 기술은 새로운 일자리를 만들어낸다.

삶을 달라지게 할 자율주행 자동차

현재 국내 자율주행 자동차의 임시 운행 실적은 19만km이다. 이 주행거리는 자율주행 레벨3의 수준이다. '레벨3'이란 자동차가 스스로 알아서 운전하지만 운전자의 제어가 필요한 경우 자동차가 신호로 알리는 방식으로 조건부로 자율주행의 기능을 가지고 있는 것을 말한다. '레벨5'는 사람의 개입이 없이 완전히 자동으로

4차 산업혁명 미래를 향해 현재의 교육을 디자인하다!

움직이는 단계이다. 앞으로 2년 후인 2020년에는 운전기사가 없는 자동차를 보게 될 것이다. 이는 택시나 버스, 혹은 장거리 운송 트럭의 경우에 매우 효과적이다. 완전히 자율로 운행이 가능한 자동차가 나온다면 사람의 실수나 피로로 인하여 발생하는 대형교통사고들을 막을 수 있다. 현재로서는 차선을 이탈하거나 앞차와의 거리가 가까워지거나 전방에 갑작스럽게 사람이나 동물이 나타나면 경고를 내거나 스스로 정지를 하는 기술이 적용되고 있으며, 이러한 기능만으로도 안전한 운전에 큰 도움을 주고 있다.

완전 자율자동차가 출시되고 일반화된다면 사람들의 생활은 급변하게 될 것이다. 운전업에 종사하던 사람들의 일자리는 많이 줄어들겠지만 연관된 다른 일자리들은 늘어날 것이며, 자가 운전자들 역시 직접 운전하던 시절보다 안전하고 편리한 삶이 가능해지며 주행을 하던 시간에 휴식을 취하거나 다른 일을 하는 데 활용할 수 있게 된다.

현재 사용하고 있는 내비게이션은 GPS를 사용하여 자동차의 위치를 파악하고 목적지까지 안내한다. 하지만 많은 문제점들이 있다. 도로가 새롭게 만들어지거나 공사를 할 경우에는 자동차의 자율주행에 혼란을 가져다준다. 자율주행에 맞는 지도가 필요하고 이 지도에 맞게 자동차의 움직임을 더욱 정밀하게 분석하고 자율로 움직일 수 있는 기술들이 보완되어야 한다. 사람의 개입 없이 자율로 움직이려면 자동차를 제어하는 통신시설이 있어야 한다. 더욱 빠르고 안전한 통신을 위해서 5G 통신이 평창동계올림픽에 사용되기도 했다. 서두에 말한 것처럼 자율주행 자동차에는 이 세상에 있는 모든 기술이 집약된다고 볼 수 있다.

자율주행의 위험성을 해결하는 직업

자동차 스스로 움직인다면 좋은 점도 있지만 위험한 점은 없을까? 기술의 발달로 사람보다 안전하게 운전을 해준다면 안심이 된다. 그런데 이러한 기술의 약점을 파고들어서 범죄에 사용하려는 사람도 있을 수 있을 것이다.

만약 자율로 움직이는 자동차를 해킹하여 범죄를 계획하고 모든 자동차의 자동제어 체계를 점령한다면 세상은 큰 혼란에 빠지게 될 것이다. 새로운 기술이 세상을 고통스럽게 만들 수도 있다. 그래서 미래 직업 중에는 이러한 문제를 해결하는 보안 전문가들도 많이 필요할 것이다.

최근 블록체인 기술을 통하여 금융 기관에 저장되어 있는 자료의 해킹이 불가능하도록 만든 것처럼 자율주행 자동차에도 이와 유사한 새로운 기술들이 도입되어야 한다.

자율주행 자동차 기술에 대한 국가적 지원

최근 한국교통안전공단은 미래의 자율주행 자동차 시장을 이끌어 갈 인재를 양성하기 위해서 대회를 주최하며 이에 따른 교육과정도 개설했다. 5월에 〈2018 국제대학생 창작자동차 경진대회〉의 '자율주행자동차 부문'에 참가할 대학생들에게 자율주행자동차 제작과 운행과 관련된 교육을 제공하고 있다. 기업체만이 아니라 정부 및 대학에서는 자율주행 자동차에 대한 기술 개발과 투자를 아끼지 않고 있다.

학생들과 수업을 하다가 미래의 희망직업에 대해서 물으면 자율주행 자동차를 개발하고 싶다는 대답을 자주 듣게 된다. 청소년들이 희망을 갖고 성장하는 것이 중요하다. 단순히 먹고 살기 위해 진학하고 공부하는 것에서 벗어나 자신의 꿈을 실현하기 위한 목표가 필요하다. 꿈은 사람을 행복하게 만들고 더욱 발전할 수 있는 원동력이 된다. 관심을 갖고 새로운 분야에 대해서 열린 마음으로 다가선다면 자신에게 맞는 직업을 찾을 수 있다.

직업이란 단순히 생활을 위한 수단을 넘어서 삶의 보람과 행복을 가져다주는 것이어야 한다. 자신이 원하고 즐겁게 일할 수 있는 분야를 찾고 준비해서 도전하는 것은 매우 중요한 일이며 이 일을 돕는 것이 기성세대가 마땅히 해야 할 일이라고 믿는다.

05

미래의 전쟁,
식량난

　지구에 있는 모든 생명체는 각기 생존을 위한 본능적인 방법을 가지고 있다. 이 본능이 환경의 영향을 이기지 못하면 사라져 버리게 된다. 인류 역시 마찬가지다. 현재는 살아가는 데 문제가 없지만 언제 어떠한 문제로 생존을 위협받을지 모른다. 예측을 뛰어넘는 갑작스러운 기후의 변화나 급속도로 확산되는 전염병처럼 대처하기 힘든 문제에 봉착하면 해결하는 데 많은 시간이 걸리고 때론 해결 방법을 찾지 못하는 경우도 생겨난다.

　몇 해 전 우리나라에 발생했던 메르스 사태는 사회 전반에 걸쳐 큰 영향을 주었고 경제적인 피해는 물론 실제 생활면에 있어서도 상당한 변화를 가져왔다. 이처럼 뜻하지 않은 신종 전염병만 나타나도 우리 사회는 큰 혼란을 겪게 된다.

병든 지구

과거에는 이념으로 인한 전쟁, 그리고 에너지 자원을 둘러싼 전쟁이 이루어졌다. 그런데 앞으로는 식량난으로 인한 전쟁과 갈등을 예고하고 있다. 지구 온난화로 인하여 사막화는 점점 더 심해지고 있고 기후의 변화로 농작물의 수확도 큰 타격을 받고 있다. 세계적으로 이러한 문제를 해결하기 위한 다양한 방법들이 강구되고 있지만 특별한 효과는 나타나지 않고 있다. 지구는 점점 더 병들어 가고 있고 이에 대한 해결 방안은 미미하며, 현재 가지고 있는 문제에 비하여 제시되는 치료책은 너무 제한적이다. 지금까지는 지구가 스스로 어떻게든 버티고 있지만, 어느 순간 회복 능력을 상실하게 되면 돌이킬 수 없는 상태에 이르게 될 것이다.

사람의 건강 상태도 마찬가지다. 갑자기 아픈 경우도 있지만 대부분은 치우친 식생활을 비롯해서 건강하지 못한 생활 습관과 과도한 스트레스의 축적 등이 선행된다. 병에 걸리기 전에 전조가 있는 법이다. 크게 병 들기 전에 이미 여러 가지 작은 증상들이 나타나지만 이러한 신호들을 무시하거나 가볍게 여기다가 일단 병에 걸리고 나면 회복하기까지 큰 어려움을 겪게 된다. 한 번 건강을 잃어버리면 치료하는 데 많은 시간이 걸릴 뿐 아니라 이전의 정상적인 상태로 완전히 회복되지 못하는 경우도 많다. 그래서 건강할 때 건강을 지켜야 한다.

우리가 살고 있는 지구는 이미 건강한 상태를 많이 벗어나서 상당 부분 병들어 있다. 생태계 곳곳에서 돌연변이들이 출현하며 이상한 징후들이 많아지고 있다. 병든 지구를 살리기 위해서는 단지 회복을 위한 방안을 제시하는 것에서 나아가 이제는 실행에 옮기는 결단이 필요하다.

▎인류에게 닥칠 위기, 식량난

지구의 회복을 위해서 여러 가지 방법들이 제시되고는 있다. 하지만 실효를 거두기 위해서는 지구촌의 모든 나라들과 전체 인류가 함께 힘을 모아 실행에 옮기지 않으면 안 되기에 그 실천이 매우 어려운 실정이다. 그래서 화성식민지 건설 등 우주로 인간을 이주시키기 위한 프로젝트가 생겨나는 것이다. 이는 단순히 과학 기술을 개발하고 도전 정신을 시험하기 위한 것이 아니라 인류의 생존이 달린 문제이기에 어마어마한 비용을 들여가면서도 대책을 강구하고 있는 것이다. 우리는 인류가 직면한 이러한 상황 앞에서 미래에 닥칠 일들을 어느 정도 예견할 수 있으며 그에 따라 미래에 일어날 각종 문제들을 해결하는 직업, 과학, 기술들이 필요하다는 것을 짐작할 수 있다.

먼저 식량난에 대한 해결 방안들을 살펴보고자 한다. UN은 2050년이 되면 지구의 인구가 97억이 된다고 한다. 이렇게 되면 식량 문제가 심각해진다고 발표했다. 이 문제에 대한 다각도의 연구와 더불어 많은 대안들을 시험하고 있다. 지구의 환경과 식량 문제는 서로 맞물려 있다. 지구가 아프면 인류의 먹거리는 점점 줄어들게 된다. 사람이 먹을 수 있는 모든 재료는 지구가 공급해 주고 있기 때문이다. 식량난에 대한 UN의 경고 이후에 이에 대한 대책으로 식용 곤충이라는 대안이 제시되었다. 최근 예능프로그램에서도 식용 곤충을 이용한 빵이나 다이어트 식품 등을 먹는 모습이 방영된 적이 있다. 대부분의 사람은 곤충을 먹는 것에 거부반응을 가지고 있다. 그래서 아직까지 많은 사람들은 곤충을 먹거리라고 생각조차 하지 않고 있다. 미래에 식량난이 닥치고 진짜 먹을 것이 없다면 그때는 곤충이라도 어쩔 수 없이 먹겠지만 지금 당장은 결코 선호하지 않는다. 실제 곤충을 식량으로 활용하기 위해서는 곤충을 먹는 것에 대한 거부감과 혐오감을 제거할 수 있는 방법이 필요하며 이런 일들에도 많은 인력이 필요하게 될 것이다.

식량난 해결과 관련된 직업

앞으로는 미래의 문제를 예측하고 해결하는 일이 가장 유망한 직업이 될 것이다. 지금은 생소하고 크게 각광받지 못하는 일이라도 시간이 지남에 따라서 완전히 달라질 수 있다. 식량난을 해결하는 일에 종사하는 사람이라면 그는 단순히 그런 일을 하는 직업을 가진 사람이 아니라 인류에게 꼭 필요한 사람, 인류의 문제를 해결하는 사명을 지닌 매우 중요한 인물이 되는 것이다.

인간은 지금까지는 전통적 방식으로 가축과 농업을 통해서 식량을 얻고 있다. 현재 대체식량으로서 새롭게 관심을 끌고 있는 곤충과 비교했을 때 전통방식의 농업과 축산은 여러 면에서 큰 차이가 있다. 짧은 곤충의 생육 기간에 비해 가축은 오랜 시간이 걸려야 생산이 가능하다. 또 가축은 곤충에 비하면 엄청난 양의 사료를 필요로 한다. 게다가 가축이 배출하는 오염 물질들을 생각해 보라! 이미 병들어 있는 지구에 도움이 되지 않는 것이다.

비단 환경의 문제만이 아니다. 영양공급 면에서도 곤충은 가축보다 월등히 높은 성분을 가지고 있다는 것이 전문가들의 분석이다. 그래서 대학 및 기업들과 정부는 미래의 먹거리 해결을 위해서 곤충을 이용한 다양한 시도들을 하고 있다. 가축에 비하여 곤충은 모든 면에서 월등히 좋은 식량이 된다. 그럼에도 여전히 많이 이용되고 있지 않은 이유는 사람의 '먹는' 행위는 단순히 생존만을 위한 것이 아니기 때문이다. 사람은 먹을 때 느끼는 행복감과 만족감이 매우 크다. 식생활은 인간의 삶의 만족에 있어서 큰 부분을 차지한다. 그래서 곤충을 재료로 사용하되 고기를 먹는 것과 같은 식감과 맛을 내기 위한 연구가 진행되고 있다. 거의 비슷하게 만들어 내는 단계까지는 왔지만 아직은 더 개선되어야 한다. 또 대량생산 단계를 고려해서 개발을 진행하고 있다.

| 새롭고 재밌는 일을 향한 도전

곤충을 이용해서 고기를 대체하는 것뿐 아니라 빵, 다이어트 식품, 드링크, 스낵 등에 곤충이 폭넓게 사용될 수 있다. 만약 제빵사에 관심이 있다면 곤충을 이용한 빵을 개발하면 좋을 것이다. 남들과는 다른 일을 시도해 보자! 최초로 새로운 것을 시도하는 것은 쉽지 않다. 새로운 도전과 모험은 언제나 불확실하고 보장이 없다. 그러나 남들이 이미 하고 있는 분야는 경쟁이 매우 치열하다. 성공의 확률도 높지 않다. 성공을 한다 하더라도 그것은 일반적이고 객관적인 의미의 성공일 뿐, 자기 자신의 만족도가 적다. 그러나 새로운 것으로의 도전은 다르다.

모험은 힘들지만 배우는 것이 많으며 여러 면에서 발전할 수 있다. 과거에는 한 가지 기술만 있어도 먹고 사는 데 큰 지장이 없다는 말을 많이 했다. 그러나 이제는 그 한 가지의 기술에 더해 뭔가 특별한 것이 있어야 한다. 특별하고 재미가 있어야 한다. 여기서 '성공'이라는 말은 빼고 싶다. 요즘 시대는 성공이 지상 최대의 목표이고 돈이 최고의 우선순위가 되어 버렸다. 그러나 필자는 배움을 가장 우선순위에 두고 싶다. 배우는 것에 대한 즐거움을 알아야 한다. 끊임없이 배우고 또 배워야 한다. 많은 사람들은 안정적인 직장과 풍요로운 자산이 행복을 준다고 생각을 하지만 그렇지 않다. 행복감은 발전에서 오고 새로운 배움을 통해서 온다.

인류가 지금까지 발전하는 데 있어서 가장 큰 원동력이 된 것은 호기심과 끊임없는 도전과 그로 인한 배움을 통한 발전이다. 간혹 성공했다는 사람, 자기 일에 보람을 갖고 살고 있는 사람들을 방송매체를 통해서 접하게 되면 공통점이 있다. 힘들고 어려워도 자신이 좋아하는 일에 대한 남다른 열정으로 끊임없이 배우고 연구하며 집중했다는 점이다.

이제는 융합의 시대이다.

어떤 기술이라도 단독으로 존재하지 않고

서로 영향을 주고 있다.

지금의 현상만을 따라가면

많은 사람 중에 한 사람이 될 것이다.

두려워하지 말고 부딪치며 배운다면

자신의 인생을 자신이 주도하며 살아가게 된다.

PART

4

로봇
그리고 코딩

01

갑자기 불어온 코딩 열풍!
어떻게 준비해야 하나? - ①

　10년 전만 해도 주요과목(국어, 영어, 수학, 과학)만 잘하면 대학 가는 데 큰 문제가 없었다. 그러나 지금은 학생들이 준비해야 할 것이 많아졌다. 주요과목은 기본이고 남들과는 차별되는 특별한 '스펙'이 없으면 치열한 입시 경쟁과 취업 전선에서 좋은 입지를 선점하기가 어려워졌다. 결국 학부모들은 입시와 교육의 흐름, 교육부의 정책에 따라서 남들보다 앞서 정보를 얻기 위해서 바쁘게 움직이고 있는 것이 현실이다.

　올해 대입의 수시 전형이 70%를 넘었다. 이 말은 학교 성적이 전부가 아닌, 지원한 학과에 맞는 학생들을 선발하겠다는 각 대학의 의지가 내포되어 있다. 과거의 유망하다는 '인기 불변'의 직업군(공무원, 의사, 판검사 등)이 흔들리고 있는 현재, 수많은 가능성과 다양성이 혼재된 과도기를 보내고 있기에 더욱 혼란스러운 것이 사실이다.

갑작스러운 변화에
혼란스러운 교육계

우리의 자녀들을 글로벌 인재로 양성해야 한다는 말을 많이들 한다. 그러나 현실에서는 미래를 내다본 교육이 아닌 당장의 문제를 해결하는 방식으로 자녀들을 지도하고 있다.

최근 2년 사이에 코딩에 대한 열풍이 불어 왔다. 이 바람은 마치 준비되어 있지 않은 상태로 갑작스러운 이상기후를 맞이한 것과 같은 현상이었다. 학부모들과 취업을 준비하는 청년들은 뭐든 하긴 해야 하는데 무엇을 어떻게 해야 할지 모르는 상황에 놓였고, 이 문제를 해결하기 위해서 부모들은 사교육의 문을 두드렸다. 갑작스러운 '호황'을 맞이한 사교육 시장은 발 빠르게 움직였고 수요와 공급의 시장 원리에 맞게 코딩 강사들을 우후죽순 양성해 냈다.

그러나 여전히 코딩이 '무엇'인지, 코딩을 '왜' 해야 하는지, '몇 세부터' 시작해야 하는지 등의 질문들에 대해서는 갈피를 잡지 못한 채 해답을 찾고 있는 실정이고, 학부모들도 어디로 가야 할지 우왕좌왕하고 있다.

코딩(Coding)이란 간단히 말하자면 '스마트폰이나 컴퓨터에 있는 소프트웨어를 만드는 작업'이라고 생각하면 된다. 우리는 매일 스마트폰에 내장되어 있는 문자 보내는 기능, 사진 찍는 기능 등을

4차 산업혁명 미래를 향해 현재의 교육을 디자인하다!

사용한다. 그리고 향상된 기능의 전기밥솥을 이용해서 다양한 요리를 간편하게 만들기도 한다. 그런 것들이 바로 기계(하드웨어) 안에 들어 있는 소프트웨어의 기능이다. 그리고 이 소프트웨어를 만드는 사람을 프로그래머라고 부르며 프로그래머가 하는 일이 바로 코딩인 것이다.

과거에는 코딩을 '프로그래밍'이라고 불렀다. 즉, 소프트웨어를 만드는 언어로 프로그램을 작성하는 작업인 것이다. 최근에는 유치원에서도 코딩 교육을 도입하고 있다. 과거 글로벌 인재를 양성하기 위해서 유아영어 조기교육의 붐이 불었던 것과 같은 현상이다. 필자도 미취학 아동을 둔 부모들로부터 코딩 수업을 받아야 하는지에 대한 질문을 종종 받곤 한다.

최근 몇 년 사이에 프로그래밍, 즉 코딩을 할 수 있도록 쉬운 언어들이 많이 개발되었다. 마이크로소프트사를 창업한 세계 제일의 부자 빌 게이츠, 혁신의 아이콘인 애플의 창업자 스티브 잡스, 페이스북의 창업자 마크 저커버그 등, 대부분의 사람들은 코딩은 몰라도 이 세 사람은 알 것이다. 이들이 해왔던 일들이 바로 코딩이었다. 이들은 코딩이야말로 컴퓨터 사고력을 키우고 정보화 시대를 살아가기 위해서는 꼭 필요한 분야임을 강조해왔다.

코딩을 통해서 자녀들은 주입식 교육에서 벗어나서 창의적 생각을 통해 스스로 문제를 해결하고 능동적으로 학습할 수 있게 된다. 사실 유명 인사들의 말을 빌리지 않더라도 코딩 교육의 중요성은 매우 강조되고 있고 이에 따라 내년부터 중학교 과정에 SW교육(코딩)을 의무화하기로 결정이 내려진 것이다. 2019년부터는 초등교과 과정에서도 의무교육이 진행된다.

접근법을 생각해 보자

중요하고 급박하다고 당장 일을 처리하기 위한 접근법을 사용하면 많은 문제들이 생겨나게 된다. 코딩교육을 해야 하는 당위성은 매우 많다. SW교육은 4차 산업혁명을 준비하기 위한 초석이 된다. 주입식 교육에서 벗어나 논리적인 사고와 문제를 해결할 수 있는 능력을 키우는 데 매우 유용한 도구가 될 것이다. 자연자원이 부족한 우리나라의 성장동력의 근본이 될 수 있는 분야이고 국가경쟁력을 확보하기 위한 중요 산업이기도 하다. 필요한 일자리를 공급하기 위해서라도 코딩교육은 속히 이루어져야만 한다. 교육부에서도 코딩교육을 위한 교사 연수 및 다양한 양성 과정을 통하여 내년부터 진행되는 의무교육을 빠르게 준비하고 있다.

하지만 필자가 부족한 지면을 통해서 가장 강조하고 싶은 것은 이러한 당위성이 있기에 직업 교육과 인재양성을 위해 신속히 노력해야 한다는 것이 아니다. 물론 필요가 있기에 총력을 다 해야 할 것이다. 그러나 접근법이 현명해야 한다.

코딩 교육은
지도자의 역량이 중요하다

날이 갈수록 단순하고 반복적인 업무는 로봇에 의해 급속도로 대체되고 있다. 또 인공지능의 발전으로 인하여 복잡하고 높은 지식과 난이도를 요하는 분야에까지 사람의 일자리는 사라지고 잠식당하고 있다. 그러나 이러한 변화는 오히려 기회라는 것을 앞서 피력했다. 그중 하나가 코딩교육지도사라는 직업이다. 물론 이미 코딩교육 강사들이 많이 배출되었고 지금도 양성되고 있다. 그러나 꼭 짚고 넘어가고 싶은 것은 코딩의 방법을 가르치는 것에만 중점을 두는 것이 아니라 코딩교육의 취지를 잃지 말아야 한다는 점이다.

과거 영어단어와 문법만을 익히게 함으로 시험의 정답은 맞힐 수 있지만 실제 상황에서는 언어로써 사용할 수 없었던 영어교육을 했던 시대가 있었다. 외국인을 만나도 한마디도 할 수 없는 영어교육은 현실성이 없는 것이었다. 코딩교육도 마찬가지이다. 교육현장에서 코딩을 가르치기 위한 많은 노력들이 있었다. 좋은 교재도 발간되었고 코딩교육에 대한 이해도 많이 늘어났다. 그런데 학생들에게 논리적인 컴퓨팅 사고력과 창의성을 발현시키기 위해서는 지도하는 사람의 역량이 매우 중요하다. 확일적인 결과를 만들어내는 정답 맞히기 식의 교육으로는 창의적인 인재를 양성할 수 없다. 그런데 작금의 코딩교육도 이렇게 흐르고 있는 것이 아닌가

염려가 된다.

코딩교육지도사는 코딩하는 법을 가르치는 것에 그치는 것이 아니라 코딩이라는 주제를 통하여 창의적인 인재를 키울 수 있어야 한다. 그래서 가르치는 사람이 중요한 것이다.

교육과 관련된 일자리는 쉽게 사라지지 않는다. 반복적으로 따라하게 하는 학습은 컴퓨터 프로그램으로도 가능하지만, 인성과 창의성을 위한 교육에는 반드시 사람의 지도가 필요하다. 바른 인성과 창의적인 사고를 도와주는 교육적 측면에서는 가르치는 사람의 역량이 매우 중요하다.

컴퓨터나 소프트웨어를 몰라도 코딩지도사가 될 수는 있지만…

이 말이 이상하게 들릴 것이다. 코딩을 가르치는 사람이 컴퓨터나 소프트웨어를 만드는 기술을 몰라도 된다니? 물론 가르쳐야 할 기본적인 내용은 숙지하고 있어야 한다. 다만 필자가 말하고자 하는 것은 코딩교육자는 코딩교육의 중요성을 인식하고 학생들을 보다 나은 방향으로 인도할 수 있어야 한다는 것이다.

현재 과거에 사용하던 코딩 언어(영문 글자로 작성하는 C언어 등)에서 쉽게 코딩이 가능한 언어(스크래치, 엔트리 등)로 많이 발전했다. 공교육에서 즐겨 사용하는 '엔트리(playentry.org)'는 블록형태의 코딩언

4차 산업혁명 미래를 향해 현재의 교육을 디자인하다!

어로 재미있게 코딩하면서 자신이 원하는 작품을 설계할 수 있다. 자신이 만든 작품을 공유하고 소개함으로써 더욱 발전할 수 있는 인터넷 사이트도 있기에 누구든지 무료로 활용할 수 있다. 이 사이트에 가면 기초부터 고급까지 차시별로 방대한 분량의 교재가 준비되어 있고 동영상을 통해서도 학습이 가능하다. 교사용 안내서도 있기에 배우기가 그리 어렵지 않다. 하루에 30분만 투자한다면 자신의 자녀 정도는 직접 가르칠 수 있다.

지면관계상 더 많은 정보를 소개하고 교수법을 안내하지 못하는 점이 아쉽다. 아마도 곧 코딩지도사 교육 과정 및 다양한 직업교육을 통하여 독자들과 직접 만날 수 있는 기회가 있으리라 기대한다. 다만 지면을 통해서 미리 대략적인 방향과 화두를 던지고자 하는 것이다. 분명한 것은 새로운 변화는 새로운 기회를 창출한다는 것이다. 변화의 핵심이 무엇인지 안다면 시간낭비 없이 의미 있게 시간을 투자할 수 있을 것이다.

| 코딩교사의 자질

컴퓨터 교육이 붐이었던 때부터 25년이 지난 지금까지 학생들과 교사들을 양성하면서 느끼는 바는 교육하는 사람은 아이들을 상대하는 것을 좋아해야 하고 가르치는 것을 즐겨야 하고 자기가 하는 일을 재미있어해야 한다는 것이다.

모든 사람이 다 자신의 직업을 즐기기는 어려울 수 있지만, 그럼에도 특히 교육하는 사람은 가르치는 일에 대한 사명과 즐거움이 있어야 한다. 그렇지 않으면 그 교육은 죽은 것이 되어 버린다. 즐기지 않는다면, 아이들을 좋아하지도 않는다면, 가르치는 사명이 없다면 그런 교육에는 열정과 사랑이 빠지게 된다. 사랑이 없으면 학생에게 관심이 없게 되고 오로지 수익만 추구하게 된다.

아무리 기술이 혁신적으로 발전했어도 로봇과 인공지능이 사람의 사랑과 관심, 감성을 표현하는 데까지는 다다르지 못했다. 시간이 지나면 기술의 발전은 인간의 모든 영역까지 이르게 되겠지만 그럼에도 사람과 완전한 동일시는 어려울 것이다. 인간의 느낌을 주는 기계를 만들 수는 있겠지만, 실제 그 기계가 사람처럼 살아있는 인성 교육을 하기는 어려울 것이다. 그렇다면 우리는 기계를 다루는 일인 코딩교육을 어떻게 바라보고 준비해야 할 것인가?

02

갑자기 불어온 코딩 열풍!
어떻게 준비해야 하나? - ②

　필자는 얼마 전에 『충청남도예산교육지원청』에서 주최하는 〈2017 가족과 함께하는 충남소프트웨어교육 페스티벌〉의 진행을 위해 참석했다. 체육관을 가득 메운 학부모들과 학생들의 모습은 진지하면서도 설렘, 그 자체였다. 연령층은 매우 다양했지만 목표는 하나! 소프트웨어 교육에 대한 관심만은 동일했다. 유익한 강연과 함께 다양한 부스 체험을 통해 막연했던 코딩교육에 대한 이해를 제고시키는 데 큰 도움이 되었던 시간이었다.

　대한민국이 짧은 시간에 급성장한 데에는 많은 이유가 있겠지만, 큰 요인 중 하나는 교육열일 것이다. 교육에 대한 열정이 지나쳐 학벌지상주의라는 부작용을 가져오기는 했지만, 그럼에도 강한 교육열은 우리나라를 세계적으로 경쟁력 있는 국가로 성장시킨 원동력 중의 하나라고 말할 수 있다. 따라서 미래 성장 동력 중 하나가 될 소프트웨어 분야에 대한 비전을 가지고 자녀들을 어릴 때부터 잘 지도한다면 향후 개인뿐 아니라 국가적으로도 큰 재산이 될 것이다.

코딩교육은 단순한 코딩 기술을 배우는 것이 아닌 융합형 인재 양성이 되어야 한다

인공지능의 발달은 미래의 직업만이 아니라 현재의 직업의 형태도 변화시키고 있다. 따라서 필자는 현재의 직업과 미래의 직업을 동시에 다루어 방향성을 제시하는 데 초점을 맞춰보려고 한다.

어린 자녀에게는 미래를 준비하는 교육이 필요하며 성인들에게는 현재의 필요를 해결하는 직업 준비가 필요하다. 먼저 아이들에 대해서 생각해보자. 코딩교육을 통해서 자녀들이 얻게 되는 유익은 크다. 컴퓨터가 사람의 명령에 따라서 일을 처리하는 일련의 과정들을 학습하면서 논리적 사고를 키울 수 있다. 또한 문제를 해결하기 위한 과정의 설계와 능동적인 학습을 기대할 수 있다. 과거에도 이러한 교육을 목표로 많은 도구들이 사용되었지만 '코딩'이라는 도구를 이용하여 교육할 때에 얻어지는 효과는 더 크다고 볼 수 있다.

지금의 청소년들은 디지털 시대를 살아가고 있다. 날마다 스마트폰으로 소프트웨어를 쉽게 접하고 있으며 어른들보다 적응력이 뛰어난 것이 사실이다. 따라서 과거의 어떠한 도구보다 코딩이라는 도구는 아이들의 흥미를 끌기에 충분하다. 컴퓨터 화면에만 제한되어 역효과도 있을 수 있지만 그런 부분만 잘 관리해준다면 상당한 교육적 효과를 얻을 수 있는 것이 사실이다. 코딩은 또한 다양한 분야에 관심을 갖게 하는 통로도 될 수 있다.

그렇다면 우리의 자녀들에게 소프트웨어를 만드는 과정인 코딩교육을 통해서 가장 얻기 원하는 바는 무엇일까? 지금 받고 있는 코딩교육으로 미래의 직업을 준비하고 취업을 시키려는 것은 아닐 것이다. 혹자는 의무교육을 대비한 선행학습 정도로 생각할 수도 있다. 혹은 주위에서 다 시키고 있으니 불안한 나머지 목적과 방향은 뒤로하고 무조건 시키고 보는 경우도 있을 것이다. 그렇다면 우리는 어떻게 해야 할 것인가?

항상 강조하고 싶은 것은 '멀리 보는 것'이다. 인공지능의 발전은 인간의 일을 대체한다고 했다. 그 대체될 수 있는 분야에 우리의 아이들의 시간을 허비할 필요는 없다. 인공지능은 사람이 만들었던 소프트웨어 제작 작업인 코딩을 스스로 만드는 데까지 발전하였다. 아직 폭넓게 사용되고 있지는 않지만 사람이 필요로 하는 프로그램을 인공지능에게 '이야기'하면 인공지능은 스스로 코딩을 해준다. 벌써 기술이 이렇게까지 발전을 하고 있는데 코딩하는 단순한 기술을 자녀들에게 배우게 하는 것이 목표가 되어서는 안 된다는 말이다.

융합형 인재양성을 위한
코딩교육

　지금도 그렇지만 미래에는 더욱더 '융합형 인재'가 필요하다. 문제가 있으면 그 문제의 답이 하나인 결론만을 도출해 내는 교육이 아니라, 다양한 과정과 답이 있다는 것을 열어두고 스스로 문제를 해결하는 과정을 코딩교육으로 접목시켜야 한다. 교사는 코딩하는 기술을 가르칠 뿐 아니라 그 기술을 응용하여 다양한 과제를 제시하여 학생들이 토의하고 문제를 해결하기 위한 도구로 코딩을 사용하게 해야 한다. 코딩을 잘하는 사람으로 만드는 것이 아니라 코딩을 잘 이용하는 사람이 되어야 한다. 즉, 코딩은 하나의 과정과 수단이 되어야 한다는 것이다.

　예를 들어서 "봄이 되면 미세먼지 문제가 심각하다. 이 문제를 해결하기 위한 방법을 생각해 보고 필요한 기계를 설계 제작하고 코딩으로 제어를 해보자."라는 주제가 있다고 하자. 학생들은 지금까지 배운 것을 사용하여 문제를 해결하기 위한 방법을 찾을 것이다. 그리고 그 문제의 해결을 위해서 다양한 분야의 정보를 수집하고 응용하여 결과를 찾게 된다. 이 주제의 해결을 위해서는 단순한 코딩의 기술만이 아니라 자연과학, 기계, 공학, 수학, 예술, 코딩 등 다양한 분야의 융합을 통한 접근이 이루어져야 한다. 코딩지도사는 이러한 관점에서 코딩을 가르쳐야 한다. 그렇지 않다면 코딩을 가르치는 핵심적인 관점이 빠지게 된다.

코딩교육은 화면상으로만 작업하는 것이 아니라 실물을 제어하는 교육도 병행해야 한다. 사물과 사물이 인터넷으로 연결되어 스스로 작동하는 것을 사물인터넷이라고 말할 수 있다. 자신이 코딩한 프로그램이 컴퓨터 내에만 머무는 것이 아니라 어떤 사물을 제어하는 작업에까지 이루어져야 한다. 그렇게 될 때에 진정한 코딩교육이 되는 것이다.

지금 제시하는 방향은 하나의 예이다. 더 많은 접근방법과 좋은 교수법이 있을 것이다. 요점은 코딩지도사의 역할은 코딩의 기술만 가르치는 것이 아닌 융합형 인재를 키우는 데 있다는 것이다. 그래서 가르치는 사람의 역량이 중요하며 바라보는 관점이 바르게 되어 있어야 올바른 교육이 이루어지게 된다.

미래의 프로그래머는 어떤 일을 하게 될 것인가?

최근의 기술이지만 인공지능은 사람이 필요로 하는 프로그램을 코딩해주고 있다. 정보만 입력하면 신문 기사도 스스로 쓰는 시대가 된 것이다. 매일매일이 빠르게 변하고 있으며 새로운 기술이 실생활에 접목되고 있다. 만약 자녀가 코딩을 즐기고 관심이 있다면 어떠한 방향으로 교육시켜야 할까? 미래를 예측하고 준비한다는 것은 그리 쉬운 일은 아니다. 그렇지만 기술의 발전을 고려할 때 사람의 단순한 일을 기계(인공지능)가 대신하리라는 측면은 분명하다. 심지어 복잡하고 응용적인 분야에까지 정보기술(IT)은 정확한 서비스를 제공하고 있다. 인공지능은 실시간으로 다국어로 동시에 통역하는 일에 유용하게 사용이 되고 있다. 사람의 감성적이고 정교한 표현까지 정확하게 통역하는 기술은 사람의 생활을 편리하게 해주고 있다. 외국어에 대한 '두려움'으로 여행이나 사업에 불편을 겪고 있는 사람에게 유용한 서비스를 제공하고 있는 것이다. 이러한 일련의 상황을 보며 코딩 관련 직업을 예측해 본다면 단순한 코딩의 방법을 뛰어넘는 분야를 생각해 볼 수 있다.

스마트폰을 일반화시켰던 스티브 잡스는 무에서 유를 창조한 것이 아니라 기존의 기술을 응용하여 새로운 아이디어로 사람에게 편리함을 제공한 것이다. 스마트폰이 있기 전에 PDA폰이라는 것이 있었다. 지금의 스마트폰과 기능이 유사했다. 아주 작은 컴퓨터에 전화기 기능이 있었다. PDA폰이 있었음에도 불구하고 스마트폰이라는 혁신적인 '물건'이 대중화된 것은 사용자의 필요를 보고 그 필요를 채워주었기 때문이다. 미래의 코딩 관련 직업은 단순한 코딩작업을 넘어서서 사람의 원함을 읽어내고 그 필요를 채워주는 '기획자'의 역할을 가지고 있어야 한다.

혁신적인
아이디어의 도구인 코딩!

앞서 3D프린터에 관련된 직업을 논했었지만, 과거에는 제품을 만들기 위해서 많은 과정이 필요했다. 그러나 지금은 시제품을 만들기 위해서 컴퓨터 한 대만 있으면 생각 속의 아이디어를 실물로 쉽게 만들어 낼 수 있다. 코딩도 이와 같다고 볼 수 있다. 정보 기술의 발달은 삶을 편리하게 했고 빠르고 정확한 서비스의 제공을 가능케 했다. IT산업에 종사하는 지인의 말을 빌리자면 "원하는 것은 무엇이든 만들어 낼 수 있는 기술은 가지고 있지만 문제는 이러한 기술을 이용해서 무엇을 만들어야 할까?"가 고민이라는 것이다.

미국의 구글이라는 회사는 직원들에게 회사의 일만이 아닌 자신이 하고 싶은 분야의 사업이나 일 등을 근무시간에 할 수 있도록 배려해 준다. 구글은 회사라는 조직 안에서 주어진 일만을 수행하는 직원을 원하지 않는다. 스스로 혁신적인 아이디어를 자발적으로 낼 수 있는 능력을 원하기에 그런 통로를 열어주는 것이다.

자녀들에게 아주 작은 아이디어라도 코딩을 통하여 표현하는 과정을 권장해야 한다. 부모의 눈에는 게임이나 '단순한 장난'과 같은 컴퓨터 조작 같아 보일 수 있다. 그러나 부모나 코딩을 지도하는 선생님은 학생들의 사고의 폭을 넓혀주고 코딩을 이용하여 다양한 시도를 할 수 있도록 독려해야 한다. 혁신적인 아이디어는 현재의 교육환경에 큰 영향을 받기에 멀리 내다보며 아이들의 시야를 열어주어 융합적 인재의 양성에 초점을 맞춰야 한다.

03

모든 기술의 집합체,
로봇 - ①

| 상상이
| 현실이 되는 세상

〈아톰〉, 〈그랜다이저〉, 〈로보트 태권V〉…. 필자가 어린 시절 즐겨보았던 로봇 만화영화이다. 물론 이러한 로봇들이 실존하지 않았지만 사람의 상상은 과학이나 기술을 뛰어넘는다. 이런 영화를 만드는 사람들의 표현 장면들을 살펴보면 기술적으로나 현실적으로 구현이 가능한지는 중요하게 생각되지 않는다. 핵심은 인간이 원하고 이루었으면 하는 상상이다. 그런데 신기하게도 인간의 꿈은 대부분 현실로 이루어지고 있다.

로봇이라는 주제는 어린 학생들에게 재미있고 관심이 끌리는 분야이다. 물론 로봇이라는 존재가 미래에는 인간을 지배하고 세상을 혼란에 빠지게 할 위험도 제기되고 있다. 긍정적인 면만이 아니라 부정적인 면들도 많다. 따라서 미래에 로봇이라는 기계가 사람에게 어떤 영향을 줄 것인지 짐작만 할 뿐 여전히 많은 의문점들은 진행형으로 남아있다.

스스로 학습하고 성장하는 인공지능

로봇을 개발하는 사람이 표준으로 삼는 3원칙이 있다.

---

❶ 로봇은 인간의 위험한 상황을 방관하거나 인간에게 해를 끼쳐서는 안 된다.

❷ 로봇은 인간의 명령에 복종해야 한다.

❸ 로봇 스스로는 자기 자신을 보호해야 한다.

앞으로 어쩌면 이러한 원칙이 허물어질 수 있다. 전쟁에 사용되고 있는 로봇의 경우도 과거와는 비교가 안 될 정도로 강력한 위력을 가지고 있다. 인간과 싸워 승리하기 위한 전투로봇은 로봇의 3원칙에 위배되지만 개발되고 있고 실전에 배치되어 있기도 하다. 자율주행 자동차도 위기의 상황에서 어떻게 대처를 해야 하는지

4차 산업혁명 미래를 향해 현재의 교육을 디자인하다!

에 대한 윤리적인 문제들을 가지고 있다. 인공지능도 기계임에도 불구하고 앞으로 발전하면 할수록 인간의 생각이나 감정과 흡사한 반응을 갖게 될 것이다. 인간과 자연의 원리에 따라 시간이 지나면서 배우고 성장해 나가는 특성이 기계에도 도입된 것이다.

인공지능은 스스로 학습하고 배운다. 그러면서 성장한다. 다양한 정보와 경험이 축적되면 스스로 배우고 판단하고 일하는 기능을 갖게 된다. 그러므로 인공지능이 차갑고 딱딱한 기계 안에 들어가게 될 때 인간과 유사한 감성을 지니게 되는 것이다. 미래에 로봇은 점점 더 인간과 비슷한 생각과 활동을 하게 될 것이다.

로봇과 관련된
새로운 일자리

세상의 어떤 분야는 사라지고 없어진다. 어떤 분야는 점점 더 발전하고 새로운 혁신을 거듭하며 놀랍게 성장한다. 사람의 일자리는 이러한 변화와 흐름에 밀접한 연관을 가지고 있다. 과거 로봇이라고 하면 기계로만 다가왔다. 그러나 이제는 로봇이라는 주제에 모든 기술과 학문, 인간의 삶 전체가 녹아져 있다. 기계나 프로그램과 관련된 것에 관심이 없는 학생일지라도 로봇 분야에서는 할 일이 많다.

예전에는 디자인에 관심이 있으면 당연히 의류나 헤어 혹은 광고 같은 분야만 생각했다. 하지만 이제는 달라졌다. 이 글을 읽는 학생 중에 디자인에 재능이 있는 사람이 있다면 로봇의 옷이나 액세서리 등 로봇의 외모를 디자인하는 쪽을 생각해 보라고 권하고 싶다. 인문학이나 상담심리학 분야의 직업을 고려하고 있다면 로봇을 도입해 활용하는 것도 좋을 것이다. 시대가 디지털화되면서 사람의 감성이 메마르고 남는 시간을 활용하는 것에 익숙하지 않아 공허한 시간을 많이 보내게 된다. 그런 여가 시간의 활동을 로봇이 함께해 준다면 인간의 정신적인 측면에 많은 도움을 줄 수 있게 된다. 현재까지의 로봇의 주요 역할은 사람의 힘든 일을 대신해 주거나 장애를 가진 사람의 팔과 다리의 역할에 집중되어 있었다. 그러나 기술적인 발전과 동시에 이제는 인간과 교감하는 기능에 관심이 집중되고 있다.

로봇 관련 유망 직업
– 로봇과학 강사

지금 현재 일자리를 찾고 있다면 로봇과학 강사에 도전해 볼 수 있다. 유아로부터 초등학생 자녀가 있는 부모의 관심사는 늘 교육이다. 창의적인 인재, 융합형 인재의 양성을 위해서 많은 교육 도구들이 있어 왔다. 그 가운데 로봇이라는 주제는 참으로 다양한 분야를 다루면서도 학생들의 흥미를 사로잡는다. 요즘 핫한 관심

4차 산업혁명 미래를 향해 현재의 교육을 디자인하다!

을 받고 있는 '코딩'은 로봇과학의 알맹이라고도 할 수도 있다. 로봇을 움직이기 위해서는 코딩이라는 과정이 필요하기 때문이다.

물론 로봇과학을 가르치는 강사나 교사가 된다는 것에 두려움이 있을 수 있다. 전공자가 아니라면 배워야 할 것도 많기에 벽을 느끼거나 겁부터 나는 것이 사실이다. 하지만 로봇과학을 가르치는 대상은 주로 초등학생 이하이기에 엄청난 난이도가 있는 것이 아니다. 로봇과학 강사가 모든 사람의 적성에 맞지는 않겠지만, 가르치는 것을 좋아하고 아이들과의 소통에 재능이 있다면 충분히 도전해 볼 만한 분야임에는 틀림없다.

요즘의 기술은 과거와는 많이 달라졌다. 과거에는 어떤 분야의 기술을 배우기 위해서는 학원이나 대학을 다니거나 영문 원서를 봐야 했다. 정보가 많지 않기에 전문가로부터 직접 배우거나 여의치 않을 때에는 전문서적을 통해 스스로 어렵게 배워야 했다.

이제는 그렇지 않다. 원하기만 하면 쉽게 배우고 쉽게 적용하여 실습할 수 있는 체계가 마련되어 있다. 지금은 흔히 '코딩'이라고 말하는 것을 예전에는 '프로그래밍'이라고 불렀고 전문적인 분야로 인식되었다. 그러다가 코딩 열풍이 불기 시작했고 사실 이는 코딩에 사용이 되는 언어가 굉장히 쉬워졌기 때문이다!

영문으로 작성하던 코딩에서 지금은 레고 블록을 쌓아 맞추는 것과 같은 방식의 교육용 언어가 개발되었다. 그래서 어린 학생들도 쉽게 소프트웨어를 개발할 수 있게 되었다. 따라서 로봇과학을 가르치는 것도 매우 쉬워졌다.

다시 한번 강조하지만 로봇과학 강사가 특별히 어려운 일은 아니다. 로봇에 흥미가 있고 가르치는 것을 좋아하고 무엇보다 아이들을 좋아한다면 충분히 도전할 수 있는 분야이다. 물론 열심히 배워야 하고 깊이 들어가면 다뤄야 할 분야도 많다. 그것은 어떤 분야나 마찬가지이다. 그러니 해보지 않고 포기하는 것보다는 적극적으로 알아보며 배우는 기회를 가져보기 권한다.

적성을 알아보고 준비하는 방법

쉽게 배울 수 있는 몇 가지의 방법을 안내하고자 한다. 이를 통해 적은 비용으로 자신에게 맞는 분야인지 스스로 점검할 수 있다. 로봇과학 분야에 조금이라도 관심이 있다면 '과학상자'라는 로봇제작 교구를 알고 있을 것이다. 과학상자 6호를 구입해서 만들어 보면 좋다. 로봇이란 기계에 스스로 생각하고 판단할 수 있는 제어기와 센서가 결합된 것이라고 생각하면 된다. 그리고 로봇의 몸체, 로봇의 움직임이 되어주는 재료가 과학상자 6호이다. 물론 과학상자 6호 외에도 사용할 수 있는 교구는 매우 다양하다. 사실 너무 많아서 다 추천하기도 어렵다. 다만 과학상자 6호는 기계공학적인 원리를 배우면서 로봇의 골격을 만드는 데도 사용할 수 있기에 활용성이 좋다. 과학상자에 포함된 설명서대로 간단한 모형부터 차근차근 만들어 보면서 흥미가 생기는지 살펴보자. 만일 이렇게 만드는 과정이 재미있다고 느낀다면 만든 모형을 움직이게 하는 제어기와 센서를 구입해 보자. 과학상자는 인터넷에서 10만 원 조금 넘는 가격에 구입이 가능하다. 그리고 모형을 제어하는 도구도 9만 원 정도 선에서 구입이 가능하다. 로봇과학을 배우고 적성을 알아보기 위한 투자가 20만 원 정도라면 비교적 저렴하다고 볼 수 있다.

보통 로봇을 배우려면 많은 비용이 든다고 생각한다. 어떤 분야(휴머노이드)는 그렇기도 하지만 지금 소개한 방향대로 배우고 준비한다면 큰 비용을 지출하지 않고도 이 분야의 직업적 적성을 알아보는 과정을 스스로 해볼 수 있다.

코딩 소프트웨어에 대한 간략한 정보

로봇을 제작하고 움직이기 위해서는 코딩을 해야 한다. 그러기 위해서는 코딩 보드가 필요하고 센서들이 있어야 한다. 코딩보드(제어기)와 센서를 제어하기 위한 소프트웨어가 있어야 한다. 로봇 교구를 만드는 회사마다 소프트웨어가 있다.

과학상자는 자체적으로 만든 소프트웨어가 아닌 '엔트리'를 사용하여 코딩하고 로봇을 제어하면 된다. 엔트리는 누구나 무료로 사용할 수 있는 교육용 언어 프로그램이다. 블록 형태의 언어이기에 매우 쉽다. 엔트리 사이트에는 초급부터 고급 과정의 교재들이 다양하게 준비되어 있다. 교재를 보면서 실습하면 누구나 쉽게 배울 수 있다.

지금 안내한 대로 교구를 준비하고 코딩하는 방법을 배운다면 독학으로도 로봇과학 관련 일자리를 준비할 수 있다. 이렇게 시작해서 차차 다양한 로봇들에 관심을 가지고 계속 배워나가면 된다. 누구나 지금 시작해도 늦지 않다. 로봇과학은 앞으로도 많은 학생들이 관심을 갖고 배우려는 분야이기에 향후 충분한 일자리가 열려 있을 것이다.

4차 산업혁명 미래를 향해 현재의 교육을 디자인하다!

모든 기술의 집합체,
로봇 - ②

　로봇과 관련된 미래의 직업에 대해서 알아보자. 미래를 예측하기란 쉽지 않지만 지금의 초등학생들이 해야 할 일들은 충분히 짐작할 수 있고 어떻게 준비해야 하는지도 대략 예상할 수 있다. 현재 청년실업률은 10%에 가까워져 있다. 과거로 돌아가서 현재를 알았다면 지금과 같은 현상은 미연에 방지했을지도 모른다. 정책에 대한 후회는 있을지라도 실패를 반복하지 말아야 하며 교육과 미래 일자리에 대한 대책이 체계적이어야 한다. 그래야 국가와 국민의 삶이 윤택해지는 것이다. 단지 직업을 위한 대책보다는 교육의 체계를 변화시켜야 함을 인식해야 한다. 일자리는 모자란다지만 산업현장에서는 필요한 인력이 부족하다. 현장에 곧바로 투입 가능하려면 상당 시간의 연수와 인력 개발에 대한 투자가 필요하다. 그래서 최근 산업체에서는 필요한 인력에 대한 정보와 기술을 직접 대학교나 특성화 고등학교에 전달하여 실질적인 기술과 업무에 사용이 가능한 지식을 습득하게 하고 있다.

미래 직업에 대한 탐색은 초등학생 때부터

요즘 중학교에서는 자유학기제를 도입하고 있다. 1년 동안 학교 정규 과목에 대한 시험이 없이 자신이 배우고 싶은 분야를 선택하여 자유롭게 배울 수 있다. 여기서 배우는 분야는 다양하다. 교육청 자체에서 미래 직업에 대한 교육을 실시할 수 없기에 외주를 주어 교육을 위탁한다. 가장 인기 있는 분야는 무엇일까?

작년 말에 청소년수련관에서 주관하여 미래 직업 체험을 가졌다. 목공, 마술, 분장, 로봇 등의 체험 수업이 90분 동안 이론을 듣고 나서 직접 실습하는 형태로 진행되었다. 중학생들의 반응은 매우 좋았다. 시간적으로나 환경과 예산의 문제로 더 깊은 수업은 할 수 없었지만, 학생들이 자신의 관심사를 탐색하는 데는 부족함이 없었을 것이다. 하지만 이것이 과연 미래의 직업, 즉 지금이 아닌 미래에 유망한 직업에 대한 체험이 되었을까 하는 의문이 든다.

직업은 다양하며 좋고 나쁨의 기준이란 없다. 자신이 행복하고 하고 싶은 일이 제일 중요하며 그것이 바로 좋은 직업이다. 그럼에도 학생들에게 "미래에는 이러한 직업이 유망하고 자신의 적성에 따라서 이런 직업을 선택할 수 있다."라는 비전을 보여주고 실제적인 체험을 제시할 수 있어야 한다.

기업은 당장의 인재를 얻기 위해서 고등학교와 대학에만 집중한다. 그러나 필자는 초등학교 때부터 최신의 기술과 장비들을 동원해서 학생들이 직접 만지고 배우고 체험할 수 있는 기회를 많이 가질 수 있도록 해야 한다고 생각한다. 그래야 자신이 하고 싶은 일에 대한 비전을 구체화시켜 시간을 낭비하지 않게 된다. 이것은 사실 좋은 직장을 위한 준비만이 아니라 행복한 삶을 위한 조건이 된다.

반복적인 루틴에 가두기보다
좋아하는 것을 찾을 수 있도록 도와야

초등학교 방과후 수업을 통해서 로봇과학을 접해 본 학생들이 많이 있을 것이다. 로봇을 제작하고 움직이면서 즐거워하는 자녀들을 보면 부모님들은 앞으로 자녀들을 이런 계통으로 가르치고 싶다는 마음이 들게 된다. 그런데 초등학교 저학년 때에는 큰 관심을 가졌다가 시간이 흐르고 고학년이 되면 로봇에 대한 관심을 유지하고 지속해서 배우는 학생들이 적어진다. 그 이유는 어디에 있는 것일까?

저학년 때는 재미있었는데 고학년이 되면서 재미가 없어진 것일까? 그렇지 않다. 학생들은 자신이 하고 싶은 것을 할 수 있는 선택의 여지가 많지 않다. 부모님이 원하는 일정에 맞게 방과후 수업을 하고 여러 학원을 거쳐서 집에 돌아간다. 이미 많은 수업을 받았기에 지치고 더 이상은 에너지가 부족하다. 자연히 스트레스를 풀기 위해서 친구들과 놀거나 PC방에 간다. 이러한 흐름에서 벗어나서 자녀가 좋아하는 것이 무엇인지를 찾을 수 있게 해줘야 한다.

기계와 소프트웨어 분야로 나눌 수 있는 로봇관련 직업

자녀가 로봇과학을 좋아한다면 적극적으로 발전할 수 있도록 지원해야 한다. 방법은 다양하다. 로봇이라는 분야 안에는 매우 다양한 기술들이 집약되어 있기에 미래의 일자리를 찾기에도 유망하고 할 수 있는 일도 많다. 학생들을 가르쳐 보면 만들기에 재능이 있는 학생이 있고 로봇을 제어하는 것에 관심이 있는 학생이 있다. 모두 로봇에 관련된 일이라도 그 분야가 다르다.

카이스트에서 만든 '휴보'는 기계공학과 오준호 교수팀이 만들었다. 로봇인데 기계공학이라… 로봇을 만들려면 기계가 있어야 하기에 기계공학과에서 만든 것이다. 기계라고 해서 쇳덩어리만 있는 것은 아닐 것이다, 이 기계를 움직이기 위해서는 소프트웨어가

4차 산업혁명 미래를 향해 현재의 교육을 디자인하다!

필요하다. 크게 나눌 때 '기계'가 있고 그 기계를 움직이는 내용물인 '소프트웨어'가 있는 것이다. 물론 더 깊이 들어가면 훨씬 세세하게 분류할 수 있지만, 일단 로봇에 관심이 있다면 크게는 이 두 가지 중에서 하나에 관심을 갖게 된다.

두 분야 모두 중요하고 상호 협업이 필요하지만 구분은 분명하다. 학생들은 이 두 가지를 모두 배우게 되는데 저학년은 주로 만들기를 하고 고학년이 될수록 프로그램을 많이 다루게 된다. 로봇 대회도 단순 제작과 조종, 그리고 제작과 코딩으로 나눠진다. 난이도는 당연히 로봇의 제작과 코딩이 높다.

로봇과 관련된 다양한 직업

로봇은 점점 더 인간과 같아지고 인간의 친구로 변하고 있다. 요즘 많이 쓰이는 반려동물이라는 말처럼 미래에는 반려로봇이란 말도 등장하게 될 것이다. 로봇이 정보를 전달해주고 위험한 일을 대신해주는 등의 노예적인 성격에서 나아가 인간과 공존하는 존재가 될 것이다. 즉 로봇과 관련된 일자리는 지금보다 더 많아질 것이 분명하다.

지금은 로봇의 외모가 기계 같지만 향후 점점 더 인간과 유사한 얼굴과 옷차림을 갖추게 되어 인간과 구분이 안 되는 비주얼을 갖게 될 것이다. 앞서 언급했듯이 만약 디자인이 적성에 맞는다면 미래에는 로봇의 형태뿐 아니라 로봇이 착용하는 옷이나 신발 혹은 가발 등 부수적인 액세서리를 디자인하는 일을 하는 것도 유망하다. 로봇과 관련해서 기계와 소프트웨어를 제외하고서도 굉장히 다양한 일자리가 등장할 수 있음을 쉽게 짐작할 수 있다.

또 로봇이 개발되면 이 로봇이 정상적으로 동작하도록 유지하고 지원하는 일도 필요할 것이다. 더 나아가 과연 이 로봇이 꼭 필요한 로봇인지를 검증하는 일도 중요할 텐데 그와 관련된 직업들도 생겨날 것이다. SF영화에서 보듯이 로봇 3원칙에 맞지 않는 로봇을 개발하거나 판매하지 못하도록 감시하며 윤리적인 측면을 철저히 검증하는 일들이 필요할 것이기 때문이다. 이런 직업들이 바로 지금은 없지만 장차 생겨날 직업들이다.

융합시대에 더 많아지는 로봇 관련 직업들

기술이 아무리 발전을 한다 해도 로봇이 인간이 될 수는 없다. 로봇은 로봇이다. 그럼에도 미래에 로봇은 인간의 모든 삶을 관리해주며 함께 살아가게 될 것이다. 눈에 보이는 로봇만이 로봇이 아니다. 점점 확산되고 있는 AI(인공지능)는 사람의 비서로 활용되고 있다.

필요한 사항을 물으면 인공지능은 대답해준다. 날씨부터 시작해서 자신의 일정도 관리해주며 심지어 고민 상담까지도 어느 정도 가능하게 되었다. 그런데 로봇의 이러한 기능을 만들어내는 것은 사람이다. 그래서 로봇이 발전할수록 그 일에 따른 사람의 손길도 계속 필요하게 된다.

기계와 프로그램으로 움직이는 로봇이지만 이것을 만드는 존재는 사람이다. 만약 인문학과 심리학, 상담 등에 재능이 있다면 로봇을 개발하는 회사의 문을 두드려 볼 필요가 있다. 언뜻 생각하면 로봇과 전혀 관련이 없는 분야인 것 같지만 그렇지 않다. 이제는 융합의 시대이다. 어떤 기술이라도 단독으로 존재하지 않고 서로 영향을 주고 있다. 첨단 IT기술과 연관이 없어 보이는 분야도 서로 깊은 연관을 맺고 있다.

중고생일수록 유리한 로봇대회 출전

요즘에는 대학입시 전형이 상당히 바뀌었다. 수능 성적으로만 진학하던 때가 언제인지 기억이 안 날 정도로 지금은 수시가 중요해지고 있다. 물론 수시로 지원해도 대학에서는 수능점수를 고려하기는 한다. 아무튼 대학은 지원하는 학과에 맞는 학생을 선발하려고 한다. 여기서 필자는 수시로 대학에 진학하기 위한 몇 가지의 정보를 주고자 한다.

원하는 대학이나 학과 선택에 상당히 많은 고민이 될 것이다. 크게는 문과, 이과로 나눠진다. 만약 '이과형'이라면 로봇과학을 추천하고 싶다. 초등학교 때까지만 해도 로봇을 하는 학생이 많다. 중학교와 고등학교 학생은 초등학생에 비하면 10% 이내로 관심도가 낮아진다. 이것이 틈새 전략이다.

좋은 직업의 선점은 남들이 하지 않는 방식과 분야를 찾아서 자신만의 이력을 만드는 것에서 시작한다. 최근에는 외부에서 상을 받아도 생활기록부에 기록하지 못한다. 그렇지만 학교 대표로 출전한 대회는 기록할 수가 있다. 매번 규정이 바뀌기는 하지만 중학생과 고등학생이 로봇대회에 출전하는 비율은 초등학생이 출전하는 비율에 비하면 매우 낮다. 즉, 출전했을 때 수상할 수 있는 확률이 높다는 뜻이다. 로봇과 코딩에 관련된 대회를 준비해서 출전한다면 쉽게 성적을 낼 수 있다. 물론 열심히 준비해야 하지만 난이도가 그리 높지 않기에 충분히 승산이 있다는 말이다.

필자가 5년째 지도하고 있는 아산고등학교의 경우에는 매년 교내에서 메카트로닉스로봇공학 대회를 개최한다. 이 대회에서 수상한 학생들은 거의 원하는 대학에 수시로 입학한다. 로봇 관련 대회가 교내에 있는 경우가 흔하지 않기에 좋은 이력이 된다.

대회까지는 아니더라도 로봇 관련 동아리 가입에도 관심을 가져보라고 권하고 싶다. 로봇은 기계, 코딩 등 폭넓은 분야가 있기에

4차 산업혁명 미래를 향해 현재의 교육을 디자인하다!

잘만 활용하면 대학 진학에 큰 도움을 줄 수 있으며 직업 선택에 있어서도 자신의 재능을 확인할 수 있는 좋은 도구가 된다.

준비된 사람이 원하는 직업을 가질 수 있다

언제부터인가 좋은 대학의 기준이 '졸업생 중에 몇 퍼센트가 취직했느냐'가 되어버렸다. 대학들도 더 많은 신입생을 확보하기 위해서 다양한 이미지 광고와 더불어 졸업 후 취업률이 전국에서 몇 위인지를 자랑스럽게 선전하고 있다.

모든 사람은 정해진 교육 과정을 마치면 직업을 가져야 한다. 그 직업이 어떤 것이든 자신이 준비되어 있을 때 원하는 직업을 얻을 수 있다. 중요한 것은 자신이 하고 싶은 일, 잘하는 일, 할수록 행복한 일이 무엇인지 알고 준비해서 선택하는 것이다. 남의 기준과 관점에서의 선택이 아닌 자기 자신의 원함에서 출발해야 한다. 그리고 준비되어야 한다.

갑작스러운 변화는 두려움을 동반하게 된다.

이러한 심리에서 벗어나기 위해서는

사실에 근거한 정보를 얻는 것이 중요하다.

PART
5

이미 시작된
4차 산업혁명!
두려워 말고 즐기며
살아남기

01

4차 산업혁명이
가져올 변화

4차 산업혁명의 '4차'라는 말은 1차부터 3차까지가 이미 존재했다는 뜻이다. 따라서 4차 산업혁명을 말하기에 앞서 그 이전의 혁명을 설명해야 앞으로 다가올 4차 산업혁명으로 인한 변화를 이해하기 쉬울 것 같다. '혁명(Revolution)'이라 함은 이전과는 확연하게 다른 변화를 말한다. 산업혁명은 생산 기술의 변화와 그에 따른 사회 조직의 큰 변화를 가져오며 사람의 삶까지도 엄청나게 변화시켰다.

먼저 18세기 화석연료를 사용한 증기기관을 기반으로 한 1차 기계화혁명은 사람의 노동을 기계로 대체했다. 사람은 편해졌고 기계가 일하므로 이전과는 다른 변화가 일어났다. 2차 산업혁명은 전기에너지를 기반으로 하여 제품을 대량으로 생산하는 공장을 가능케 했다. 대량생산으로 대규모 일자리가 생겨났다. 3차 산업혁명은 컴퓨터와 인터넷을 기반으로 한 지식정보의 혁명으로 정보화시대라고 불린다. 그리고 4차 산업혁명이 일어났다. 이 말은 제조업이 핵심 산업인 독일에서 처음 사용되다가 2016년 세계경제포럼에서 언급되면서 본격적으로 널리 사용하게 되었다. 이는 정보통신기술 기반의 새로운 산업 시대를 대표하는 용어로 컴퓨터와 인터넷으로 대표되는 3차 산업혁명에서 한층 더 진전된 혁명이라고 할 수 있다.

4차 산업혁명은 '융합'이다

4차 산업혁명에 대한 정의가 학자마다 분분하지만 분명한 것은 새로운 시대가 도래하고 있으며, 이를 준비하는 국가들과 기업들의 노력, 개발자들의 연구를 통하여 세상은 빠르게 변화하고 있다는 것이다. 4차 산업혁명의 범위는 너무 광범위해서 논해야 할 것들이 많으며 바라보는 관점에 따라서 그 설명도 다양해진다. 필자는 곧 다가올 미래, 현재 진행되고 있는 변화의 측면에서 살펴보려고 한다.

정보를 처리할 수 있는 기계의 능력이 급속도로 발전하면서 인터넷 상에 머물러 있었던 정보는 현실 세계에 적용되고 있다. 즉 가상의 세계(디지털)와 현실의 세계(아날로그)의 만남이 세상을 변화시키고 있는 것이다. 그러면 인공지능의 발달은 우리의 삶을 어떻게 변화시키고 있을까?

인공신경망에 관한 최초의 연구 발표는 1943년에 대중에게 알려졌다. 인공지능이라는 말이 최근에 이슈가 되고 있지만 74년 전부터 이미 연구되었고 최근에는 삶의 현장에 사용되고 있다. 앞으로도 학자들의 이론이 현실에 적용되기 위해서는 더 많은 연구가 필요하겠지만 최근 들어서 비약적인 발전이 이루어졌음을 실감하게 된다.

이러한 현상은 하드웨어(기계)의 고성능화에 있다. 인공지능은 '자료'가 있을 때 사용가치가 있게 된다. 세상에는 많은 정보가 있고 이 정보를 누가 선점하고 어떻게 가공하여 서비스를 제공하느냐에 따라서 기업의 가치와 매출의 증대에 매우 큰 영향을 미치기도 한다. 4차 산업혁명은 몇몇 기술이 모여져 나타나는 혁명이 아니다. 최근 들어서 '융합(融合)'이라는 말을 많이 사용한다. '융(融)'의 한자 뜻은 '녹다, 녹이다, 서로 뜻이 맞아 좋은 상태가 되다'이다. 즉 융합이라는 말은 '다른 종류의 것이 녹아서 서로 구별이 없이 하나로 합하여지거나 그렇게 만들어진 것'을 말한다. 4차 산업혁명의 정의를 이 '융합'이라는 말에서 찾을 수 있다.

혁명은
삶을 윤택하게 만든다

　4차 산업혁명 안에는 많은 기술들이 존재한다. 심지어 하드웨어만이 아닌 그 기계를 의미 있게 움직이게 하는 인문학적인 소견도 포함된다. 즉 일부분의 혁명이 아닌 사람의 삶 전체와 관련이 있다. 그래서 학자들은 4차 산업혁명이 어떻게 이루어지고 이를 통해 어떠한 변화가 있을 것인지, 정의는 어떻게 내려야 맞는 것인지 고민한다. 과거를 돌아보고 산업혁명을 정의내리기는 쉽지만, 현재 진행되고 있는 4차 산업혁명을 정의하기에는 난해한 점이 존재한다.

　다시 융합이라는 관점에서 조금 더 살펴보자. 우리가 항상 몸에 지니고 다니는 스마트폰! 지금도 엄청난 기능들이 많아서 대부분의 사용자들은 그 기능들을 다 쓰지 못하고 있다. 개인마다 주로 사용하는 기능만 반복적으로 사용할 뿐, 그 외에 어떤 기능이 있는지조차 모른 채 지니고 다닌다. 이 스마트폰을 더욱 편리하게 만들어 줄 수 있는 것이 4차 산업혁명이 가져올 변화이고 기술이다. 곧 시판이 임박했다는 소식이 들리고 있는 '필름처럼 감기거나 접을 수 있는 스마트폰'은 여러 가지 불편함을 해소하게 될 것이다. 현재는 스마트폰이 너무 무겁고 떨어뜨리면 파손의 위험도가 높다. 두루마리처럼 롤로 말리거나 접을 수 있다면 좋을 것이다. 이러한 기기가 사물인터넷과 연결이 된다면 큰 변화를 가져올 것이다. 우리가 매일 입고 다니는 옷에 이 기기를 무선으로 연결하면 신체의 상태를 센서로 체크해서 기기에 저장한다. 그리고 그 모든 자료는 클라우드(인터넷 저장 공간)에 저장되고 축적이 되어서 건강 상태와 삶의 패턴을 분석해서 필요한 정보를 제공하게 된다.

병이 나고 문제가 생겨야 병원에 가는 것이 아니라 먹는 습관과 맥박, 운동량, 수면 상태, 자신의 대화 내용 등이 인공지능에 의해서 분석되어서 병에 걸리기 전에 위험성이 있는 부분을 미리 안내한다면 엄청난 의료비 절감 효과가 일어날 것이다. 사물인터넷은 사물과 사물이 연결되어 스스로 작동한다. 가정의 모든 가전제품, 컴퓨터, 자동차 등이 사용자의 편의에 맞게 스스로 움직이는 것이다.

새로운 기술은 새로운 삶을 가져다준다

4차 산업혁명은 이처럼 긍정적인 변화를 가져오지만 동시에 위험 요소도 존재한다. 사물인터넷의 사용은 해킹의 위험에 항상 노출되어 있으며 개인의 모든 정보가 특정 장소에 저장되어 있기에 불안한 점이 있다. 그래서 보안 문제를 해결하기 위한 다양한 방법들이 제안되고 있다. 금융과 관련해서 사물인터넷의 해킹으로부터 중요한 자산과 자료를 보호하기 위한 기술로 '블록체인(Block chain)'이 있다. 이 기술은 금융기관을 통하지 않고 국적과 관계없이 돈을 송금할 수 있게 해준다. 단지 송금하는 일에만 사용되는 것이 아니다. 현재는 금융기관의 보안과 관리 감독 속에서 금융 거래가 이루어지고 있다. 그렇다면 개인 간의 거래를 한다면 더 위험하지 않을까? 그런데 블록체인 기술은 하나의 장소에 정보를 저장하는 것이 아니라 수많은 사용자의 컴퓨터에 자료를 저장하고 10분마다 자료를 갱신하게 된다. 즉 해킹을 하려면 전 세계에 흩어져 있는 모든 컴퓨터의 장부를 고쳐야만 하기에 현실적으로 해킹이 불가능하게 만들어 놓은 것이다. 이러한 기술을 사용하면 4차 산업혁명은 더욱 빠르게 정보를 주고받고 안전한 금융거래와 새로운 IT생태계를 조성할 수 있게 된다.

개인정보 보안과 사물인터넷의 해킹을 근본적으로 해결할 수 있는 기술이 현실화된다면 사람은 다방면에서 편리한 삶을 누리게 될 것이다. 투표를 하기 위해 꼭 투표소에 가지 않아도 된다. 어느 장소에 있더라도 편리하게 투표가 가능해진다. 또한 환전의 불편함과 높은 수수료의 지급이 없이도 한국에서 아프리카에 있는 소년소녀 가장에게 실시간으로 기부를 할 수도 있다. 상점에서 원하는 상품을 고른 후 계산을 위해서 줄을 서서 기다리는 것이 아니라 그냥 물건을 가지고 나오기만 해도 자동으로 인식하고 알아서 결제를 해준다.

미래를 예측하고
변화를 즐기자

어떤 이에게 변화는 낯선 곳으로의 여행처럼 '즐거운 설렘'을 가져다주지만, 어떤 이에게는 뭔가 생소한 것을 배우고 준비해야 하는 '귀찮은 일'로 여겨진다. 현재의 시간은 계속 흘러서 과거가 되어버리고 미래의 시간은 어김없이 다가온다. 어차피 우리 앞에 다가오는 새로운 세계! 두려워하는 대신 예측하고 준비한다면 기술이 제공하는 편리함을 적극적으로 누리게 될 수 있을 것이다.

새로운 변화는 낯설고 불안한 면도 있지만 정확한 지식이 있다면 그 불안감을 극복하고 새로운 기회로 삼을 수 있게 된다. 사람이란 존재가 유약하기도 하지만 강한 면도 있다. 미래를 정확히 예측할 수는 없지만 어느 정도는 예상하고 준비할 수 있다.

결론적으로 4차 산업혁명은 특별한 몇 개의 기술이 아닌 이 세상에 있는 모든 것이 녹아서 하나가 되어 나타나는 혁명이다. 그래서 더욱 특별한 것 같다. 겨울이 오기 전에 월동 준비를 하면 따뜻한 연말연시를 보낼 수 있듯이 세상을 놀랍도록 변화시킬 새로운 시대의 도래를 미리 알아보고 준비한다면 4차 산업혁명의 흐름 속에 우리의 삶은 재앙이 아니라 즐거운 여행이 될 것이다!

02

비트코인, 투자인가?
투기인가?

화폐는 인류의 역사와 함께해왔다. 지금처럼 동전과 지폐가 있기 전에는 화폐를 대신하여 현물(쌀, 소금 등)을 사용했다. 그 후에 편의를 위해서 공통적인 기준이 되는 화폐가 쓰이기 시작하여 지금에 이르게 되었다.

최근에 언론을 통하여 엄청난 이슈가 되고 있는 '비트코인'은 무엇인가? 새로운 시대를 여는 새로운 화폐인가? 대다수의 사람들은 이 비트코인에 대해서 궁금해하면서도 쉽게 이해하기 어려운 분야라 생각해서 그간에는 많은 관심을 보이지는 않았다. 그런데 최근 비트코인 관련해서 투자가 아닌 투기로 인한 문제점들이 연일 보도되고 있고, 정부는 가상화폐의 거래는 허용하되 미성년자와 외국인의 거래는 금지한다고 발표했다. 장기적으로는 투자 수익에 대해서 과세하는 방향도 검토 중인 것으로 알려져 있다.

비트코인은 눈으로 볼 수도 없고 만질 수도 없는 화폐이다. 즉 '가상화폐'이다. 그런데 이 가상화폐로 물건을 구매할 수도 있고 현금으로 환전도 가능하다. 비트코인과는 조금 다르지만 가상화폐는 예전에도 있었다. 페이스북은 '페이스북 크레딧'을 만들었고 과거 싸이월드는 '도토리'라는 것을 만들었다. 현재 비트코인과 유사한 다양한 가상화폐가 있는데 '이더리움', '비트코인 캐시', '라이트코인' 등 가상화폐거래소에 거래되고 있는 화폐 종류만 11가지나 된다. 그런데 특별히 최근 비트코인에 투자 과열 현상이 일어나면서 사회적인 문제로 부각된 것이다.

비트코인의 실체

비트코인은 2009년도에 탄생했다. 비트코인을 만든 사람이 실존인물인지 아니면 단체나 혹은 정부의 개입이 있었는지는 정확히 알려져 있지 않다. 일반적으로 '타카모토 사토시'라는 사람이 만든 것으로 알려져 있고, 최근 자신이 타카모토 사토시라고 주장하는 사람들이 있으나 진위여부는 파악할 수 없는 애매모호한 상황이다. 누가 만들었는지도 모르는 이 비트코인! 직업과 학업을 뒤로 하고 이것에 열광하여 투자하는 이유는 무엇일까?

한편에서는 4차산업혁명을 위한 혁신적인 화폐임을 강조하고 있고, 어떤 이는 실체가 없는 완전한 거품이기에 위험하다고 경고한다. 이렇게 극과 극의 견해 차이를 보이는 현 시점에는 가상화폐에 대한 올바른 관점을 가질 필요가 있다.

비트코인에 대해서 좀 더 자세히 설명하자면 비트코인을 얻기 위해서는 비트코인을 가지고 있는 사람과의 거래를 통해서 현금을 주고 구입하거나 컴퓨터를 이용하여 복잡한 암호를 풀어야 한다. 암호를 풀어서 얻게 되는 작업이 대단히 어렵고 시간도 많이 걸리기에 금을 캐는 것과 같다고 해서 '채굴'이라는 단어를 사용하고 있다. 채굴을 하거나 개인 간의 거래(P2P)를 통하여 얻은 비트코인은 인증받은 전자지갑에 보관한다. 1 비트코인의 가격이 2013년에는 13만 원 수준이었는데 2017년 12월 13일 현재 시가는 1,800만 원을 넘어서고 있다. 정부의 강력한 규제가 따를 것이라는 소식이 있음에도 여전히 고가에 거래가 되고 있는 실정이다. 가격이 높은 이유는 귀금속인 금과 같이 비트코인의 양이 제한되어 있기 때문이다. 2145년까지만 채굴이 가능하고 2,100만 비트코인밖에 캐낼 수 없게 되어 있다.

비트코인
광풍의 원인은?

워렌 버핏은 "비트코인은 가치를 창출할 수 있는 자산이 아니기 때문에 가치를 평가할 수 없다"고 했다. 그러나 빌 게이츠는

4차 산업혁명 미래를 향해 현재의 교육을 디자인하다!

"화폐보다 낫고 주고받기 위해 만날 필요가 없으며 테러 활동이나 돈세탁과 같은 문제를 해결할 수 있는 기술도 개발될 것이다"라고 했다.

비트코인은 기존의 화폐와 같이 국책은행의 발행 없이도 발행되는 구조를 가지고 있다. 각국의 정부가 가상화폐를 금융의 제도권 안으로 넣을 수 없는 이유는 이 때문이다. 책임질 수 있는 기관의 발행이 없으니 제도적인 규제나 정책을 수립하기가 어려운 것이 사실이다. 우리 정부도 비정상적인 투기의 상황을 막기 위해서 특별전담반을 구성하여 다양한 대책을 고심 중에 있으며 지속적인 점검을 벌이고 있다. 그렇다면 한국에서 유독 가상화폐에 대한 투자 열기가 높은 이유는 무엇일까? 세계적으로 비트코인 전체 거래량의 20%가 한국에서 이루어지고 있다. CNN은 북한의 강력한 해킹이 있을 것이라는 기사도 내보내고 있다. 한국의 일부 투자자들 사이에서 손쉽게 돈을 벌려는 욕망의 표출이 비트코인 투자과열로 나타나고 있다.

정상적인 과정을 통한 수익 창출이 아닌 빠른 이익을 내기 위한 사회 전반적인 풍토로 인한 현상으로 볼 수 있다. "비트코인에 투자해서 50억을 벌었다", "주식이나 어떠한 투자보다 분명한 수익을 낼 수 있다"는 등의 말에 현혹되어 사기를 당하는 이들이 속출하고 있다. 자신의 자리를 묵묵히 지키는 성실한 대다수의 국민들만 바보가 되는 듯한 분위기이다.

도박이 되어버린
비트코인

비트코인이 가지고 있는 미래의 혁신이나 새로운 금융 혁명을 논하기 전에 지금 현재 한국은 비트코인 투자가 투기를 넘어선 도박에 이르고 있다. 도박의 특징은 무엇에 있는가? 바로 위험성에 있다. 그리고 중독성이 강하고 정상적인 생활을 하지 못하게 만든다. 자나깨나 부자가 될 수 있다는 환상만을 생각한다. '묻지마 투자'를 통해서 손해를 보고 사기를 당하는 일이 있다는 언론의 보도가 이어지지만 돈에 대한 욕망에는 브레이크가 걸리지 않고 있다.

주식은 장이 열리고 끝나는 시간이 정해져 있고, 급락과 급등이 일어나면 투자자를 보호하기 위해서 변동성완화장치를 가동하여 거래를 일시적으로 멈추게 한다. 그러나 가상화폐 거래소의 운영은 24시간이며 급락과 급등으로 인한 투자자의 손실에 대한 대비 장치가 없다. 스마트폰 앱을 통해서 밤낮없이 실시간으로 시가를 확인할 수 있기 때문에 정상적인 생활이 이루어지지 않고 온 마음이 가상화폐의 시세에 빠지게 된다. 이러한 현상을 신조어로 '비트코인 좀비'라고 부른다. 어떤 이들은 일시적인 과열 현상이라고 하지만 필자는 한국사회가 가지고 있는 어두운 단면들이 반영된 것이라고 본다. 현재의 삶에 만족하지 못한 불만들이 어떻게 해서든 돈을 빨리 벌어야 한다는 생각들로 분출되어 비정상적인 비트코인 투자로 나타나고 있는 것이다.

4차 산업혁명 미래를 향해 현재의 교육을 디자인하다!

가상화폐를 '암호화폐'라고도 한다. 이 암포화폐에는 블록체인 기술이 적용되어 있다. 기존의 금융거래를 위해서는 반드시 해당 은행에 출금을 요청하고 송금을 하게 되어 있다. 그러나 블록체인 기술을 이용한 비트코인은 개인이 개인에게 직접 송금할 수가 있다. 여기에 해킹이나 보안의 문제가 있는데 이러한 문제를 해결한 것이 블록체인 기술이다. 근본적으로 해킹을 할 수 없는 장치를 해놓은 기술이다. 앞으로 이 기술을 응용하여 새로운 분야에까지 적용할 수 있는 발전 가능성이 많은 기술로 평을 받고 있다.

비트코인에 대한 반대의 목소리도 높지만 옹호하는 IT분야의 기술자들도 많다. 4차 산업혁명 시대를 준비해 나가는 현재 시점에서의 과도기적인 비트코인 열풍, 잠시 있다가 지나가는 열병이기를 바라지만 잘못된 판단과 투자로 인하여 큰 손실을 불러온다면 새로운 기술이 오히려 인간을 피폐하게 만들어 버리는 예가 될 것이다. 기술의 발전을 잘못된 기회로 악용하지 않기 바라는 마음이다.

03

모든 물건의 연결,
사물인터넷

사물인터넷이라는 용어 IoT는 Internet of Things의 약자이다. 사물이 인터넷으로 연결되어 있는 것을 말한다. 여기서 '사물'의 범위는 어디까지일까? 그리고 이러한 연결을 통해서 목표하는 것은 무엇인가?

사람의 상상은 언제나 기술을 앞선다. 그리고 그 상상을 현실로 만들기 위해서 기술이 존재하게 된다. 상상 또는 꿈은 인간의 삶을 더욱 편리하게 만들었고 인간의 노력은 끝이 없이 발전해 과거에는 불가능하다고 생각했던 상상들이 현실화되면서 결실로 이루어졌다.

인터넷으로 연결되어 있는 '사물'은
그야말로 '모든 것'을 의미한다

우리 몸에 지니고 있는 것만 생각해도 사물이 무엇인지 쉽게 이해할 수 있다. 현재 필자는 안경, 옷, 시계, 스마트폰, 신발, 가방, 컴퓨터, 책, 필기구, 메모장, 명함 등을 가지고 있다. 이 모든 것이 '사물'이고 이 사물들이 인터넷으로 연결되어 있는 것을 IoT라고 부른다. 사물을 인터넷으로 연결하여 다양하게 사용하는 것은 삶의 획기적인 변화이다. 지금은 부분적으로 사물인터넷이 사용되고 있지만 모든 사물의 연결을 통하여 이전에는 경험하지 못했던 일들이 수년 내에 이루어질 것이다.

필자의 고등학교 시절인 1990년대 초에는 개인용 PC가 많이 보급되지 않았다. 가격도 많이 비싸고 가정마다 개인용 컴퓨터가 꼭 필요하지도 않았다. 그때만 하더라도 학원에서 수동 타자기로 문서를 작성하며 자격증을 취득하던 시절이었다. 계산기도 있었지만 여전히 주판을 배워야 했고, 경리 일을 보기 위해서는 컴퓨터에 숫자를 입력하는 것이 아니라 '부기'(기업체에서 이루어지는 자산, 자본, 부채의 증감을 기장하는 법)를 배웠다. 컴퓨터가 있었지만 그리 활용가치가 많지 않았다. 그러나 시간이 지남에 따라 컴퓨터의 성능이 발전되었고 활용분야가 확대되었으며 컴퓨터로 처리할 수 있는 일들이 급증했다. 컴퓨터가 정보를 입력받아 쉽게 처리해주면서 사람의 실수가 적어졌고 정확한 계산과 정리를 통하여 업무의 효율이 높아졌다. 1990년대 후반부로 들어서면서는 인터넷의 보급으로 인하여 컴퓨터 안에만 머물러 있었던 정보들이 서로 연결되고 가공되고 발전되어 엄청난 삶의 혁신을 가져오게 되었다. 현재는 '언제 어디서나' 인터넷에 접속하여 다양한 정보와 서비스를 받으며 사용하는 것이 평범한 현대인들의 일상이 되기에 이르렀다.

우리는 원하든 원하지 않든 새로운 기술이 녹아있는 세상에서 자연스럽게 살아가고 있다. 인터넷은 우리가 사용하는 스마트폰, TV, 태블릿 PC, 컴퓨터 등에 연결되어 있다. 그러나 여기까지는 아직 사물인터넷이라고 할 수 없다. 이는 사람이 사용하는 기기의 연결 정도이지 '모든 것'이 연결되어 있는 사물인터넷은 더욱 진보된 개념으로 나타날 것이다.

필자가 지니고 있는 사물로 사물인터넷이 어떤 것인지 설명해 보겠다. 필자가 쓰고 있는 안경은 인터넷에 연결이 안 되어 있는 사물이다. 이 안경에 인터넷이 연결되면 어떤 일이 생길까? 예를 들어 금산에서 서울로 출장을 왔다. 미팅을 마치고 점심을 먹기 위해서 신촌역 주변의 식당을 가려고 한다. 식당이 너무도 많아서 고르기가 쉽지 않다. 안경에 있는 인터넷 접속 단추를 누르니 내가 바라보는 식당의 메뉴와 가격, 고객들이 남긴 후기들이 안경 렌즈에 자동으로 띄워진다. 메뉴 선택에 고민하던 내게 큰 도움이 된다.

4차 산업혁명 미래를 향해 현재의 교육을 디자인하다!

또 다른 예를 들어보자. 요즘 아침부터 저녁까지 업무가 너무 많아서 운동량이 적다. 그런데 옷이 나의 허리둘레를 자동으로 재어준다. 시계는 하루에 걷는 걸음의 수와 맥박 및 체온을 실시간으로 저장한다. 신발은 매일 걷는 자세를 저장해 준다. 이렇게 사물이 인터넷에 연결이 되어서 모든 정보를 저장하고 나의 건강상태를 미리 점검해 준다. 바르지 않은 식습관이나 활동량 및 운동부족 상황을 체크하고 분석해서 내가 건강한 생활을 할 수 있도록 나의 스마트폰으로 알려준다. 조금이라도 이상한 신체 반응이 감지되면 나의 일정을 확인한 후에 자동으로 가장 가까운 병원에 예약을 잡아준다.

요즘 출시되는 프리미엄 냉장고의 광고를 본 적이 있는가? 냉장고 안의 식재료의 상태를 확인하고 어떤 음식을 요리하면 좋은지 안내해주며 조리방법도 화면과 음성으로 안내해준다. 요리하는 사람은 특별한 소질이 없다 해도 안내에 따라 냉장고에 있는 재료를 이용하여 알뜰한 식사를 준비할 수 있다. 이것만이 아니다. 앞으로 냉장고는 건강한 식단의 구성을 위해서 개인에게 맞는 식단을 자동으로 짜주고 필요한 식재료를 알아서 주문해 줄 것이다.

이제는 정보통신기술의 발달로 현실에서 일어나는 정보가 특정한 장소에만 저장되고 활용되는 것이 아니라 사물 간의 통신을 통하여 더 질 좋은 서비스를 제공하게 될 것이다. 이러한 서비스가 가능한 이유는 정보의 수집과 통신 등을 담당하는 기기(센서, 메인 보드, 통신 장비 등)의 초소형화, 고성능화에 있다. 쉽게 표현하자면 센서들(온도센서, 빛센서, 적외선센서, 자이로센서 등)이 사람이 가지고 있는 오감의 기능을 대신하는 것이다.

또 사람이 직접 확인하고 정보를 입력하지 않더라도 원하는 정보를 장소의 제약이 없이 확인할 수 있다. 그리고 사물 간의 연결을 통하여 사람의 지시가 없더라도 스스로 일을 한다. 딸기 비닐 하우스를 생각해 보자. 딸기가 잘 자랄 수 있는 온도와 습도, 채광이 있을 것이다. 이 정보만 입력을 하면 다양한 센서들이 비닐 하우스의 상태를 점검하고 가장 최적의 상태로 하우스를 만든다. 열매의 크기, 수확 시기 및 상품의 수량을 자동으로 계산하여 출하할 수 있는 양을 자동으로 산출한다. 판매 사이트에 재고를 자동으로 업데이트하고 주문량을 자동으로 조절하면서 판매 및 재고 관리를 해준다.

인류는 기계에 의존하는 것이 아니라 활용하며 살아가야 한다

IoT기술은 사물과 사물이 연결되어 정보를 주고받고 스스로 생각해서 일을 처리함으로써 사람의 일을 편리하게 해준다. 반복적이고 힘들고 정밀한 일은 사물인터넷에 맡기고 사람은 이러한 기

4차 산업혁명 미래를 향해 현재의 교육을 디자인하다!

술을 어떻게 활용할지만 생각하면 된다. 사람은 단순하고 반복적인 일들보다는 창의적인 아이디어를 생산하는 데 머리를 사용해야 한다. 혹자는 기술의 발달은 인간을 바보로 만든다고 한다. TV를 바보상자로 부르지 않는가! 기술은 사람을 편리하게도 하지만 사람을 게으르게도 한다. 사람이 생각하지 않더라도 편리한 생활을 할 수 있도록 기계가 모든 것을 대신해주기 때문이다. 사람은 자동적으로 시간이 많이 남는다. 따라서 이 시간을 어떻게 활용하는지에 따라서 바보가 될 수 있고 혹은 창의적인 사람이 될 수도 있으며 즐겁고 행복한 여가를 보낼 수도 있는 것이다. 기계가 나의 삶을 대신 살아주게 해서는 안 된다. 내가 기계 위에 있지 기계가 나를 지배하게 해서는 안 된다.

04

21세기의 원유,
빅데이터

｜ 빅데이터란?

　정보통신기술의 발달로 우리가 흔하게 듣게 되는 단어가 있다. '빅데이터!' 요즘 방송매체에 자주 등장하는데, 어떤 주제에 대한 분석 자료의 근거를 말할 때에 사용한다. 그러면 과연 이 'Big Data'는 무엇이며 우리의 생활과 무슨 연관성이 있는지 살펴보고 직업과 관련해서도 생각해보자.

　빅데이터는 말 그대로 '큰 데이터'를 가리키는 것처럼 보인다. 하지만 이 말은 단지 데이터의 양이 많다는 것만을 표현하는 것은 아니다. 최근 뉴스와 문화에 대한 분석 및 이슈를 살펴보려고 할 때에 이 단어를 자주 언급하는 것을 보게 된다.

4차 산업혁명 미래를 향해 현재의 교육을 디자인하다!

빅데이터의 중요한 특징,
다양성

과거에는 정보를 수집하기 위해서 개인면담이나 전화 설문 등을 주로 이용하였다. 이런 정보들이 모여져 다양한 곳에 사용되었고 지금도 여전히 이런 방식이 사용되고 있다. 그러나 지금은 정보통신의 발달로 인하여 날마다 엄청나게 많은 양의 정보가 쏟아지고 있다. 이러한 데이터를 과거처럼 사람이 수작업으로 수집하고 저장, 분석한다는 것은 현실적으로 어려운 일이 아닐 수 없다. 예를 들어서 1분 동안 구글에서 검색되는 양은 대략 200만 건에 이른다. 자료뿐만이 아니다. 영상 서비스로 유명한 유튜브의 경우에는 1분 동안 72시간의 비디오 자료가 생성된다.

빅데이터의 특징은 크기와 속도, 다양성에 있다. 크기와 속도라면 어느 정도 이해가 될 것이다. 크기 면에서는 데이터의 크기가 수십 페타바이트(1 페타바이트는 DVD영화 17만 4천 편을 담을 수 있는 용량)이다. 속도 면에서는 대용량의 데이터를 빠르게 처리하고 분석한다. 그런데 빅데이터의 중요한 특징은 사실 '다양성'이다. 왜냐하면 빅데이터에는 컴퓨터가 쉽게 분석할 수 있는 정보만이 아니라 동영상, 사진, 사람이 쓴 글 등이 포함되기 때문이다. 그리고 이런 데이터는 그 양도 어마어마하고 생산되는 속도도 엄청나게 빨라서 이 모든 것을 수집하고 분석하는 것은 사람이 해결할 수 있는 선을 넘어섰다. 그래서 새로운 데이터 처리 기술이 필요하게 되었다.

다양한 자료를
가치 있게 만드는 것

빅데이터를 활용하는 중요한 포인트는 빠르게 생산되는 많은 양의 다양한 자료를 '가치' 있게 만드는 데 있다. 그래서 빅데이터를 '21세기의 원유'라고도 말하는 것 같다. 땅 속에 매장되어 있는 원유가 매우 가치 있지만, 지상으로 끌어 올려져서 가공해야 쓸모가 있는 것처럼, 빅데이터 역시 이러한 작업이 꼭 필요한 것이다.

세상에서 만들어지고 있는 수많은 정보를 가공하여 가치 있는 것으로 만들기 위해서는 빠른 컴퓨터와 정보를 처리하는 기술도 필요하지만 사람의 역할도 매우 중요하다. 예를 들어서 요식업 창업을 하려고 하는데 그 대상이 혼밥과 혼술 등 삶을 혼자 즐기는 사람이라면 어떤 분석을 할 수 있을까? 빅데이터를 이용하여 혼밥, 혼술과 연관된 단어들을 분석하면 다양한 정보들을 얻게 될 것이다. 만약 빅데이터의 분석을 통해서 '눈치', '비용', '불편함' 등의 단어들이 많이 사용되었음을 파악했다면 이런 정보들을 참고함으로 요식업 창업에 큰 도움이 될 것이다. 혼자 식사를 하고 술을 마시는 사람들이 눈치 보지 않고 저렴한 비용으로 편안하게 즐길 수 있는 식당을 만들면 되는 것이다.

이처럼 많은 정보의 분석을 통하여 얻은 결과를 응용하여 사업에 접목시킬 수 있게 되는 것이다. 일명 전문가의 '필, 감각'에 의해서 사업의 방향과 성공을 결정짓는 것이 아니라 가장 최신의, 많은 양의 정보를 정확히 분석하여 현실성 있는 계획을 세울 수 있어야 하며, 이를 위해서 빅데이터 전문가가 필요하다. 엄청난 양의 정보를 가치 있는 정보로 분석하고 분류하는 일은 기계가 하겠지만 이러한 가이드라인을 정해서 제어하도록 주관하는 일은 사람이 해야 하기 때문이다.

발전 가능성이 많은 빅데이터 관련 직업

빅데이터와 관련된 일은 인공지능과도 연관을 가지고 있기에 발전 가능성이 많다. 최근에는 빠르면 6~7세부터도 블록형 교육용 프로그램언어(EPL)를 사용하면서 코딩에 관심을 갖는 학생들이 많아지고 있다. 어린 학생들도 쉽게 코딩을 배우고 활용하면서 빠르게 실력이 향상되고 있는 것을 교육현장에서 보게 된다. 중학교에서는 올해부터 소프트웨어 의무교육이 실시되고 있다. 정보과목이 신설되면서 꼭 알아야 할 분야로 인식되고 있는 것이다.

최근 기사에 의하면 한국의 첫 인공지능(AI) 변호사 '유렉스'가 지난 2월 대형 법무법인에 '취직'했다고 한다. 복잡한 법률 조항의 검토 및 판례 분석을 사람이 하려면 여러 명이 며칠이나 매달려야 한다. 그러나 유렉스는 단 20~30초 만에 업무를 끝낸다고 한다. 이것이 빅데이터의 활용이다.

이제 엄청난 자료를 수집, 분석, 분류해서 원하는 결과를 얻는 과정이 쉬워지고 있다. 사람이 하면 실수가 있고 오래 걸리는 일을 컴퓨터가 대신해주고 있다. 변호사들에게는 반갑지 않은 현상이지만 비싼 법률 상담이 부담스러운 의뢰인의 입장에서는 매우 반가운 소식이다. 이런 서비스가 가능하도록 기술적인 개발은 이미 준비되어 있다. 다만 정확한 서비스가 이루어지기 위해서 보완해야 할 것들이 남아 있을 뿐이다.

빅데이터의 장점 vs 문제점

세상에 생겨나는 모든 새로운 기술들은 필요하기에 개발된 것이다. 그러므로 이러한 기술들을 이해하고 적용해서 잘 사용하는 것이 필요하다. 필요에 따라 생겨난 기술이지만 정말 꼭 필요한지, 건전하게 사용되고 있는지는 시간이 지나면서 대중의 판단을 받게 된다. 아무리 좋은 의도와 방향성을 갖고 있더라도 새로운 기술이 빛을 발하지 못하는 경우도 있다. 카이스트는 군사 인력을 축소하기 위해서는 로봇과 인공지능이 필요하다고 판단하여 그에 관한 연구를 진행 중에 있다. 그러나 살상무기를 만드는 연구라는 논란에 휩싸이면서 곤란을 겪고 있다. 해외의 50명이나 되는 로봇 관련 학자들이 이러한 개발을 시도하고 있는 카이스트에 대해 우

4차 산업혁명 미래를 향해 현재의 교육을 디자인하다!

려를 표명하며 공동 연구를 중단하겠다고 발표했다.

　빅데이터에 대한 기술도 이와 비슷한 문제점들을 가지고 있다. 과거에는 '정보'라는 의미가 종이에 적혀져 있는 '활자'나 의견들을 수렴한 '통계' 정도로 인식되었다. 그러나 지금은 그야말로 모든 것이 수집되고 있다. 모두 기술의 발달로 가능해진 현상이다. 예를 들어서 스마트폰을 통해서 필요한 정보를 검색하면 그 검색한 단어가 자료에 남아서 다양한 곳에서 사용된다. 언론사에서는 이러한 정보를 활용해서 대중의 관심사를 파악하고 여론의 흐름을 분석한다. 제품을 개발해야 하는 회사에서는 소비자의 필요를 분석해서 빠르게 제품을 출시하는 데 활용한다.

　여기에 문제점도 있다. 빅데이터를 이용하여 선한 일과 공익적인 발전에 사용할 수도 있지만, 한편으로는 개인정보 침해라는 큰 문제점을 가지고 있다. 고객의 원함과 관계없이 모든 정보를 불법으로 수집하고 사용하는 것이 가능하기 때문이다. 나쁜 의도를 가지고 마음만 먹으면 실시간으로 감시할 수 있는 기술이 구축되어 있다. 정부의 규제를 피해서 아주 교묘하게 정보를 수집할 수도 있다.

　기업은 이윤을 추구하기에 필요한 정보를 최대한 빠르고 정확하게 얻기를 원한다. 요즘 흔한 기능이지만 포털사이트에서 내가 검색한 것을 자동으로 분석해서 관심이 있는 분야의 상품을 자동으로 팝업으로 안내해주기도 한다. 어떻게 내가 원하는 것을 알고 찾아주는지 깜짝 놀랄 때도 있다. 물론 이러한 기능이 공익적인 목적으로 사용된다면 매우 좋은 기술이 된다.

최근 미국에서는 빅데이터를 활용해서 자주 범죄가 일어나는 지역과 시간대를 분석해서 우범지역을 순찰했고, 결과적으로 많게는 30% 넘게 범죄가 예방되었다고 한다. 이처럼 빅데이터는 미래를 예측할 수 있는 기술이기도 하다. 완벽한 예측은 아니더라도 수많은 정보를 분석하고 정리해서 가장 근접한 답을 찾아내는 데 사용할 수 있다. 일본에서는 택시사업에 빅데이터와 인공지능을 활용한다. 고객이 택시를 필요로 하는 시간과 장소에 대한 정보를 축적해 놓고 택시가 한 지역에 몰리지 않게 한다. 고객이 많은 곳에는 택시를 많이 배치하고 고객이 적은 곳에는 적게 배치하였더니 회사의 운영비는 줄어들고 매출은 증가하게 되었다.

빅데이터를 통한 미래 예측과 창업

빅데이터라는 새로운 정보기술은 기존에 있었던 산업과의 융합으로 더욱 폭넓게 발전해 나갈 것이다. 여기서 생각해 볼 것은 미래의 새로운 직업은 '단순한 일'에서 벗어나서 융합적이고 기존의 산업을 더욱 발전시키는 측면이 있다는 점이다. IT관련 글로벌 기업이 매우 중요시하는 것은 고객들의 정보이다. 단순한 인적 사항이 아니라 현재의 필요를 정확하고 세부적으로 파악해서 미래의 사업과 방향성을 정하고 시행착오를 줄이는 전략을 펼치고 있다. 구글, 아마존, 애플, 페이스북, 알리바바 등의 거대 기업들은 어마어마한 정보의 빅데이터를 활용하여 사업에 적용하고 있다. '가치 있는 정보'가 이들의 경쟁력이 되어가고 있다.

과거 제조업에 의존되어 있던 한국 기업들에게 필요한 분야가 있다면 정보의 수집과 분석이다. 정보를 가치 있게 가공해서 소비 심리를 정확히 파악하여 상품을 개발해야 한다. 이러한 일은 비단 큰 규모의 기업만이 할 수 있는 것은 아니다. 이미 빅데이터 기술은 공개되어 있고 이것을 활용하면 새로운 사업을 구상하여 만들어낼 수 있다.

빅데이터 관련 기술 중에 '하둡(Hadoop)'이 있다. 하둡은 빅데이터의 처리를 돕는 기술로 많은 양의 데이터를 처리할 수 있는 소프트웨어라고 생각하면 된다. 이것을 이용하면 시간과 비용을 절약해서 데이터를 처리하고 가공할 수 있다. 이러한 기술을 활용하면 새로운 창업 아이템이 생겨날 수 있고 빅데이터 관련 직업을 준비하는 데 큰 도움이 될 것이다.

맺는말

언제부터인지는 모르겠지만 꼭 책을 펴내야겠다는 생각을 했다. 어떤 장르인지는 분명하지 않았지만 나의 마음과 머리에 떠오르는 생각들을 기록으로 남기고 싶었다. 혼자 상상하는 것은 돈이 드는 것도, 힘이 드는 것도 아니니 참으로 많이 생각하고 즐거워했던 기억이 난다. 소설을 쓰고 싶었고, 가끔 떠오르는 시상을 적어서 시집을 출간하고 싶기도 했다. 이런저런 생각들을 기록하면서 에세이로 도전해 보면 좋겠다는 생각도 했다. 아무튼 꼭 책을 펴낼 것이라고 믿었다.

그런데 이렇게 출간이 되었다. 지금의 이 책은 참으로 부족하다고 느끼고 있다. 출간을 한다는 것에 자신이 없었다. 괜히 전문적인 분야를 수준 낮게 만들지는 않을까 고민도 많이 했다. 하지만 글을 쓴다는 것이 좋았다. 이 책에도 많이 언급했지만 좋아하는 것을 해야 행복하다. 그런데 행복하다고 해서 늘 기쁘고 즐거운 일만 있는 것은 아니다. 어려움이 없이 평탄하기만 한 것도 아니다. 고통도 있고 힘든 과정도 넘어가게 된다. 이러한 것들이 모여서 귀하고 소중한 것이 무엇인지를 알게 되는 것 같다.

매주 신문에 연재를 하면서 '극한 상황'에 도달하기도 했다. 휴일이 없이 매일 아침 7시에 집을 나서서 저녁 11시나 12시가 되어서야 집에 도착하면 어떤 생각을 할 여유가 없었다. 이런 생활 가운데 매주 글을 쓰기 시작한 것 자체가 나에게는 큰 도전이고 기회였다. 처음에는 좋아서 시작했는데 시간이 지날수록 의무감에 빠져서 매주 해야 하는 하나의 일로 여겨지기도 했다. 지인들은 나에게 짧은 글도 아닌 이렇게 긴 글을 어떻게 매주 쓰냐고 했다. 그렇다! 신문에 있는 모든 기사 중에서 나의 글이 가장 길었다.

나의 연재 기사가 신문에 처음 나왔던 때를 잊지 못한다. 참으로 다양한 감정과 생각들이 지나갔다. 그리고 그 신문을 어머니께 갖다 드렸을 때 어머니는 너무도 자랑스러워하셨다. 기뻐하셨다. 이런 것이 효도인가 생각도 하게 되었다. 나를 가장 사랑하고 아끼시는 어머니께서 인정해주시고 감동하시는 것을 볼 때 이전에는 몰랐던 미묘한 감정을 느꼈다.

이 책이 베스트셀러가 되었으면 좋겠다. 그렇게 되지 않는다 하더라도 이 작은 시작이 점점 더 큰 영향력을 갖길 원한다. 나는 작은 시작이 작다고 생각하지 않는다. 아무리 큰일도 처음에는 작고 미약하다. 중요한 것은 그 시작을 작다고 생각하지 않는 것이며 지금 눈앞의 것만 보지 않는 것이다. 추천의 글을 써주신 〈한국로봇교육연합회〉의 조이연 회장님이 어느 날 대화 중에 이런 말씀을 하신 적이 있다.

"저는 당장은 생각을 안 합니다. 다만 좋은 기운을 가지고 어떠한 일이든 해낼 수 있다는 자신감과 추진력을 가지고 혼자가 아니라 함께 해나가는 것을 좋아합니다."

이 말에는 많은 의미가 담겨져 있다. 쉽게 포기하는 사람들의 특징은 당장의 어려움과 힘든 것만을 크게 생각한다는 것이다. 즉 멀리 보지 못하는 것이다. 좋은 기운, 에너지가 필요하다. 그 에너지는 해낼 수 있는 자신감과 추진력을 제공한다. 어느 누구도 혼자서는 멀리 갈 수 없다. 함께 가야 멀리 갈 수 있다. 함께 하는 것을 좋아하는 사람과 난 함께 일을 한다. 그래서 행복하다.

이 책을 읽는 모든 독자가 함께 이러한 길을 가게 되었으면 한다. 이 책의 부제처럼 모든 이들이 '배우고 꿈꾸고 즐기는 삶'을 살았으면 좋겠다. 지금이 전부가 아니라 멀리 내다보며 희망을 가졌으면 한다. 그 희망이 단지 막연한 바람이 아니라 분명히 이루어지리라는 믿음이 되었으면 한다.

부록

(사)한국로봇교육연합회 소개

한국로봇교육연합회(KREF)는 로봇과 코딩을 배우는 학생들에게 폭넓은 시야확립과 다양한 경험을 제공하여 4차 산업혁명의 중심인 인재양성을 위한 목적으로 설립되었다. 협회의 모든 활동은 '융합형 인재'를 양성하기 위한 것으로, 이에 따라 로봇을 주제로 한 교육 프로그램을 연구·개발하고 있으며 이론과 실습 및 실제적인 체험을 통하여 청소년들의 잠재된 가능성을 이끌어내는 데 중점을 두고 있다.

로봇이라는 주제는 청소년들에게 흥미 있는 관심사로 학습효과 및 개인의 무한한 발전의 기회를 제공하는 원동력이 되고 있다. 미래의 성장 동력 중의 하나인 로봇은 모든 기술의 집약체로서 기계공학, 코딩, 컴퓨터공학, 정보통신기술(ICT), 인공지능 등을 포함하고 있다.

KREF는 매년 세계적인 표준에 따른 〈로봇코딩컵대회〉를 개최하여 많은 인재들을 발굴하고 있는데, 특히 로봇과 코딩 관련 3개 분야의 경기를 동시에 개최함으로 참가자들의 관심과 시야를 넓혀

주고 있다.

현재 본 협회는 실제적이고 수준 높은 로봇교육의 표준을 제시할 수 있도록 산학 공동으로 연구와 개발을 진행하고 있으며 로봇과 코딩에 관련된 교육자의 질적인 향상을 위해 많은 노력을 쏟아붓고 있다. 또한 청소년들을 대상으로 미래의 직업 체험을 지속적으로 실시하고 있으며 취약 계층의 자녀들에게 교육 복지서비스를 제공하기 위해 다양한 형태의 재능기부와 봉사활동을 정기적으로 시행하고 있다.

연합회 활동, 로봇코딩컵대회

세계적인 표준으로 개최하고 있는 〈로봇코딩컵대회〉는 청소년들이 가지고 있는 재능을 발전시키며 미래에 나타날 혁신기술의 초안들을 볼 수 있는 전시회의 성격을 가지고 있다. 이는 매년 큰 관심을 받고 있는 전국 규모의 대회로서 향후 국제적인 대회 개최도 준비하고 있다.

본 대회의 특징은 대결의 구도보다는 청소년들의 무한한 상상력과 도전정신을 고취시키는 것에 그 의미를 두고 있다. 타 대회처럼 특정한 로봇 키트를 사용해야 하는 조건이 없이 정정당당한 경기로 진행된다. 또한 로봇과 코딩에 관련된 3개의 경기가 동시에 진행되므로 참가자들로 하여금 자신이 출전하는 분야뿐 아니라 새로운 분야에도 관심을 갖도록 하여 참가자들의 관심과 재능이 더욱 발현될 수 있는 기회를 제공하고 있다.

| 진로탐색 & 직업체험

청소년들이 자신의 적성을 찾을 수 있도록 돕고 있으며 지속적인 관심을 가질 수 있도록 체계적인 멘토링을 실시하고 있다. 더 발전된 미래를 스스로 개발하고 개척하는 정신을 심어주기 위해 산학 협력을 통하여 지원하고 있다. 학교와 연계하여 실제적인 미래의 직업체험을 제공하고 있다. 앞으로 산업체와의 연결을 통하여 관심이 있는 직업을 현장에서 체험할 수 있도록 하기 위해 준비하고 있다. 직업에 대한 단순한 정보를 전달하는 차원을 넘어서 자신의 꿈과 희망을 설계하기 위해서 필요한 것이 무엇인지를 알아보고 준비할 수 있는 기회를 부여하고자 하는 것이다. 기업체 역시 미래의 인재를 확보하기 위해서 어떠한 지원이 필요한지 분석함으로 교육계에 관심을 갖는 기회가 될 것이다.

| 캠프 & 세미나

집중적이고 전문적인 캠프를 통하여 실력을 향상시킬 수 있는 최상의 프로그램이다. 이 과정은 프로젝트 형식으로 진행되며 각자의 성취도에 따라서 난이도를 정하여 실제적인 배움을 가질 수 있도록 구성되었다. 소수의 그룹으로 진행함으로 전문교사로부터 개인의 필요에 맞는 멘토링을 받을 수 있다. 또한 각종 세미나를 통하여 학부모와 자녀가 함께 대입 및 진로에 대한 궁금증을 해소할 수 있게 해주며 미래 교육에 대한 새로운 방향을 제시하고 있다. 현재의 교육정책을 다루는 동시에 급변하는 4차 산업혁명에 맞는 인재를 양성하기 위한 구체적인 대안들을 제시하고 있다.

| 공교육 & 관공서협력

교원 연수를 통하여 양질의 공교육을 제공할 수 있는 교수법을 전달하고 훈련하고 있다. 국립중앙과학관 주관의 '사이언스데이'를 후원하여 청소년들에게 4차 산업혁명과 관련된 다양한 체험 기회를 제공하고 있다. 인공지능, 자율주행자동차, 휴머노이드 제어와 미션 수행, 홀로그램 제작과 활용을 통하여 4차 산업혁명에 대한 이해를 돕고 발전하도록 지원하고 있다. 또한 방과후 학교 및 로봇과 코딩에 관련된 콘텐츠 개발과 프로그램 구축을 지원하고 있다. 협회의 협력 파트너와의 협업을 통하여 빠르게 변화하는 IT교육 분야의 전문적인 서비스를 제공하여 최신의 교육이 가능하도록 지원하고 있다.

02

로봇코딩컵 소개

로봇코딩컵
– 로봇마스터스챌린지

4개 종목, 6개 부분의 경기로 이루어져 있다. 로봇의 입문자부터 고급사용자에 이르기까지 다양한 미션과 난이도로 나눠진다. 특정한 제조회사의 로봇키트를 사용하여야 하는 기존의 타 대회와의 차별화를 통하여 공정하고 정정당당한 경기가 이루어지게 된다. 자신의 실력을 스스로 평가하고 발전할 수 있게 해서 로봇 분야의 관심도를 이끌어 냄으로 지속적인 성장과 발전이 가능하도록 대회를 구성하였다.

로봇코딩컵
– 코딩마스터스챌린지

3개 종목, 6개 부분의 경기로 이루어져 있다. 지금까지의 로봇 대회에서는 볼 수 없었던 경기들로 4차 산업혁명에 필요한 융합형 인재를 양성하기 위한 종목이다. 로봇공학과 코딩의 결합을 통하여 창의적인 로봇의 설계와 코딩을 통한 제어로 선수들의 무한한 상상을 표현해내는 매우 진보된 경기로 진행된다. 특정한 기술과 패턴만 익혀서 출전하는 것이 아니라 융합(STEAM)적인 요소를 평가할 수 있도록 미션이 주어진다.

로봇코딩컵
– 3D프린팅디자인챌린지

3개 종목, 9개 부분의 경기로 이루어져 있다. 최신의 기술을 도입하여 발전이 없이 과거에 머물러 있었던 다른 로봇대회와 비교했을 때에 수준을 한 차원 높였다는 평가를 받고 있는 경기이다. 정형화되어 있는 로봇키트의 틀에서 벗어나도록 했다. 현장에서 스스로 설계하고 제작하여 미션에 맞는 로봇을 디자인하고 만들어 경기한다. 선수들은 사전에 외부의 어떠한 도움이 없이 각자의 진정한 실력을 평가받을 수 있다.

4차 산업혁명 미래를 향해 현재의 교육을 디자인하다!

03

종목 제안하기

KREF는 다양한 시도와 연구를 통하여 세계적인 수준의 〈로봇코딩컵대회〉를 운영하고 있다. 오랜 시간 검증되어 온 3개의 경기와 12개의 종목을 통하여 청소년들의 역량 강화와 융합형 인재의 양성이 이루어지고 있다.

기존의 여타 대회와는 차별화된 종목과 투명한 대회의 운영을 통해 대회의 운영과 수준이 한 단계 높아졌다는 평가를 받고 있다. 이러한 전문성과 보편성을 바탕으로 하여 다양한 종목을 제안받아 더욱 많은 청소년들이 새로운 기술을 접할 수 있는 페스티벌이 되고자 한다.

로봇과 코딩에 관련된 기업과 교육센터, 대학 및 연구소는 보유하고 있는 기술력을 바탕으로 특화된 대회를 개최하기를 원한다. KREF가 보유하고 있는 대회의 운영 능력과 전문적인 컨설팅을 통하여 제안받은 종목을 다양한 형태의 협업으로 진행하고자 한다. 구체적인 종목 제안과 대회 운영에 대한 문의는 협회로 연락하기 바란다.

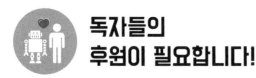

독자들의
후원이 필요합니다!

협회는 2007년부터 2018년까지 거의 모든 대회의 경비를 자비로 부담하며 진행해왔다. 하지만 청소년들에게 미래 지향적인 기술을 지속적으로 소개하기 위해서는 독자들의 후원이 필요하다. 그로 인해 더 많은 인재를 발굴하고 양성하는 일에 큰 도움이 될 것이다. 협회는 현재 더욱 다양한 콘텐츠를 통하여 미래 우리사회를 이끌어갈 청소년들로 하여금 새로운 기술들을 접하게 하고 실제적인 훈련을 받을 수 있는 방안을 모색하고 있다. 미래를 향해서 전진하고 있는 우리의 자녀들에게 꿈과 희망을 심어주고 발전할 수 있는 길을 계속해서 열어주고 싶다.

로봇코딩컵 대회는 승자와 패자가 나눠지는 형태로 진행하지 않고 경기의 과정을 통해서 스스로 배우고 발전할 수 있도록 구성하였으며, 대회를 마친 후에 이러한 흐름을 이어서 더욱 친밀감 있게 지도하며 이끌어 줄 수 있는 전문적인 캠프를 개최하기를 희망하고 있다.

최근까지도 수년째 협회 소속의 전문가들의 재능기부를 통하여 직업체험과 진로탐색을 진행하였다. 과거에는 없었던 4차 산업혁명과 관련된 직업에 대해서 실제적인 방향성을 제시함으로 학생들로부터 "진로 결정에 큰 도움을 받았다"는 말을 듣고 있다. 연합회는 이처럼 공교육에서 담당하지 못하는 부분들을 기꺼이 담당하며 진행하고 있다.

『2018 로봇코딩컵』은 매우 새롭고 의미 있는 일을 시작했다. 지역아동센터의 학생들에게 로봇과 코딩 교육을 지속적으로 제공하였고 그 결과 학생들을 대회에 참가시킬 수 있었다. 이러한 시도는 최초로 이루어진 대규모의 재능기부였다. 14개의 아동센터에서 500명에 가까운 학생들이 교육을 받았으며, 교육을 받고 대회에 참가한 학생이 200명이 넘었다. 많은 재정이 투입되었고 전문 지도교사들의 헌신과 수고로 학생들은 소중한 경험을 하고 큰 추억을 갖게 되었다. 과거 그들에게는 생소했던 분야에 대해서 친근하게 느끼는 축제의 장이 되었다.

이제 ㈜한국로봇교육연합회는 이러한 값진 일에 더욱더 많은 분들이 동참하기를 원하는 마음이다. 『4차 산업혁명의 중심은 인재』라는 목표를 가지고 전진하여 나아가고자 한다. 이 일에 독자들의 깊은 관심과 정성스런 후원을 간절히 호소하며 모든 글을 맺는다.

(사)한국로봇교육연합회는
로봇코딩컵대회 및 인재발굴과
인재양성을 위해 활동을 하고 있습니다.
후원 협찬 및 강의와 세미나 문의는
아래로 연락하시면 됩니다.

(사)한국로봇교육연합회

대전광역시 유성구 대학로 31 한진오피스텔 1515호

T 070-8802-3617 ｜ F 0504-067-4127 ｜ H www.kref.kr

- 연합회 메일｜ rococup@naver.com
- 저자 홈페이지｜ www.heavenlyvision.net
- 저자 메일｜ leojennie@hanmail.net

후원계좌

- 기업은행｜ 940-025061-01-011
- 예금주｜ 한국로봇교육연합회

▲ 2018 로봇코딩컵

로봇과 코딩 교육 ▲

▲ 2018 한국코딩올림피아드

▲ 지역아동센터 재능기부

4차산업혁명
미래를 향해 현재의 교육을 디자인하다!

초판 1쇄	2018년 06월 25일

지은이	송은석
발행인	김재홍
교정·교열	김진섭
마케팅	이연실

발행처	도서출판 지식공감
등록번호	제396-2012-000018호
주소	경기도 고양시 일산동구 견달산로225번길 112
전화	02-3141-2700
팩스	02-322-3089
홈페이지	www.bookdaum.com

가격	15,000원
ISBN	979-11-5622-371-9 03320

CIP제어번호	CIP2018015338
	이 도서의 국립중앙도서관 출판예정도서목록(CIP)은 서지정보유통지원시스템 홈페이지(http://seoji.nl.go.kr)와 국가자료공동목록시스템(http://www.nl.go.kr/kolisnet)에서 이용하실 수 있습니다.